Katharina Buss

Das kleine Strickbuch

Ravensburger Ratgeber
im Urania Verlag

Inhalt

Nadeln und Hilfsmittel 3
Anschläge 6
Rechte und linke Maschen 10
Grundmuster und Farbübergänge 11
Maschenprobe 13
Randmaschen 15
Zunahmen 18
Abnahmen 24
Abketten 28
Nähte schließen 30
Nähte im Maschenstich 32
Angestrickte Blenden 33
Knopflöcher 36
Fallmaschen 38
Fäden ansetzen und vernähen 40
Socken 42

Nadeln und Hilfsmittel

Ohne Stricknadeln geht gar nichts. Doch daneben gibt es noch viele nützliche und praktische Hilfsmittel, die das Stricken erleichtern und den Strickspaß vergrößern.

STRICKNADELN

Jackenstricknadeln (mit gleich starkem Schaft) und Schnellstricknadeln (mit verjüngtem Schaft) gibt es in den Stärken von 2 bis 10 und in 30 und 35 cm Länge; Jackenstricknadeln auch in 40 cm Länge. Sie sind aus Aluminium, Kunststoff oder aus Bambus und Holz.

RUNDSTRICKNADELN

Rundstricknadeln, vernickelt oder aus Aluminium, gibt es in den Längen von 40 bis 150 cm und in den Stärken von 2 bis 10, aus Bambus sind sie mit 80 cm Länge in den Stärken 3 bis 6 erhältlich.

Rundstricknadeln werden meist auch für normale Strickstücke verwendet. Besonders bei großen Strickteilen ist die Handhabung einfacher als mit Schnellstricknadeln. Außerdem können auch Muster gestrickt werden, bei denen nacheinander 2 Hin- bzw. 2 Rückreihen gestrickt werden, wie z. B. beim zweifarbigen Patent. Hier schiebt man die Maschen immer an das Ende, an dem der benötigte Faden hängt. Mit kurzen Rundstricknadeln werden Halsausschnittblenden gestrickt.

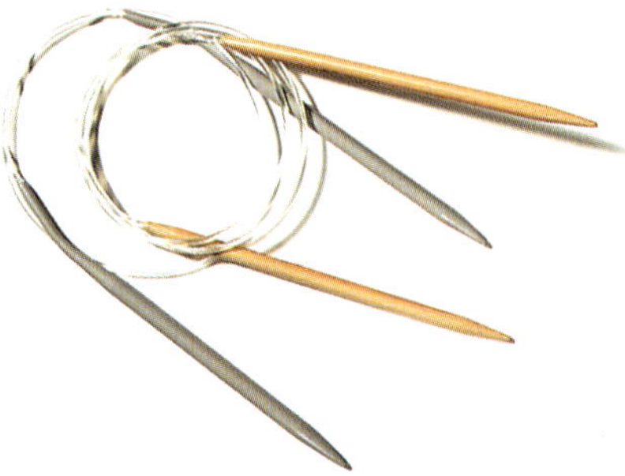

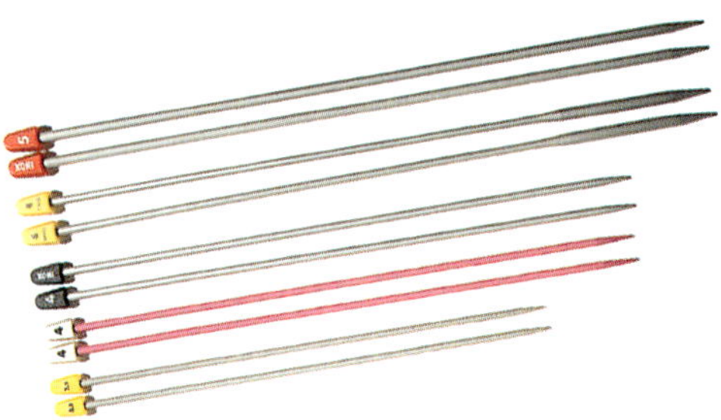

HILFSNADELN, NADELSPIELE, NADELLEHRE

Hilfsnadeln gibt es in gerader oder als Zopfnadeln in gebogener Form. Der Knick verhindert das versehentliche Herabrutschen von Maschen. Nadelspiele oder Strumpfstricknadeln bestehen aus 5 Nadeln mit jeweils 2 Spitzen. Die Maschen werden auf 4 Nadeln verteilt, mit der 5. Nadel wird gestrickt. Es gibt sie in 15 und 20 cm Länge. Die kurzen Nadeln sind besonders für Babyschuhe oder Fingerhandschuhe geeignet. Nadelspiele gibt es in den Stärken 1,25 bis 8.

Nadellehren erleichtern das Überprüfen von Nadelstärken, z. B. bei Nadelspielen. Es gibt sie in verschiedenen Ausführungen.

STRICKRECHNER

Mit diesem praktischen Hilfsmittel können Maschenproben ausgezählt, die benötigten Maschenzahlen abgelesen und außerdem die Stärke von Stricknadeln überprüft werden.

MARKIERUNGSRINGE, NADELSCHÜTZER

Maschenmarkierungsringe gibt es in verschiedenen Größen und Farben. Sie erleichtern das Auszählen von Maschen und Reihen und können zum Markieren, z. B. der Ärmelhöhe, verwendet werden.

Nadelschützer sollen nicht die Nadeln schützen, sondern bei Strickpausen verhindern, dass Maschen von der Nadel rutschen.

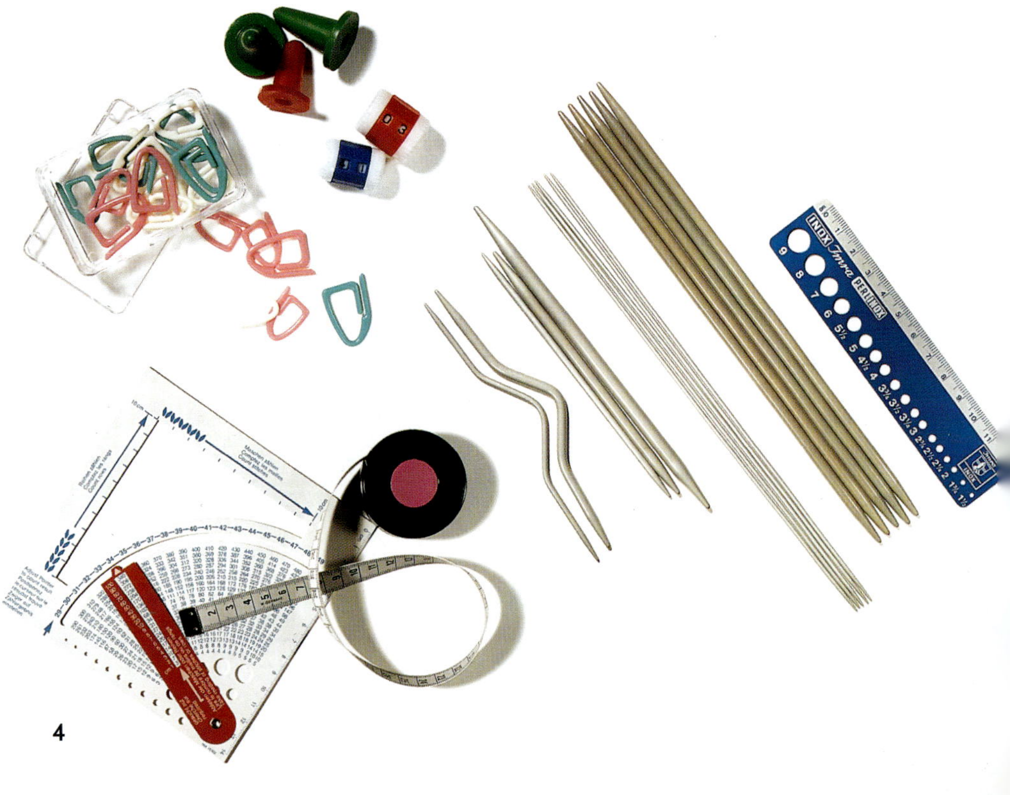

MARKIERSCHABLONE

Mit der Markierschablone mit drei flexiblen Armen bleiben Sie beim Stricken nach Strickschriften immer in der richtigen Reihe.

SPANNSTECKNADELN, WOLLNADELN, MASCHENRAFFER

Zum Spannen von Strickteilen sind die längeren Spannstecknadeln praktischer und leichter zu handhaben als normale Stecknadeln.

Zum Zusammennähen von Strickteilen, zum Vernähen von Fäden oder zum Besticken von Strickteilen sollten Wollnadeln oder Sticknadeln ohne Spitze verwendet werden.

Maschenraffer sind übergroße Sicherheitsnadeln. Auf ihnen können Maschen stillgelegt werden, z. B. für Taschenblenden oder wenn Schultermaschen später zusammengestrickt werden sollen.

WOLLKNÄULHALTER

Nicht nur wer Katzen hat, weiß Wollknäulhalter besonders zu schätzen.

MOHAIBÜRSTE, WOLLKAMM

Mit der Mohairbürste können Mohairpullover aufgeraut werden.

Der Wollkamm entfernt Wollknötchen und Flusen.

Anschläge

Jede Strickarbeit beginnt mit einer Anschlagreihe. Dabei kommt es neben dem guten Aussehen auch auf Elastizität und Haltbarkeit an, damit Blenden und Bündchen – und damit das ganze Strickstück – später nicht die Form verlieren.

KREUZANSCHLAG

Die bekannteste Art des Anschlags ist der Kreuzanschlag. Dabei entsteht ein fester, elastischer Rand, der zu jedem Muster passt.

Wichtig für das optimale Aussehen ist, dass Sie besonders gleichmäßig arbeiten. Der Anschlag darf nicht zu fest sein, damit sich die erste Reihe leicht abstricken lässt. Er darf auch nicht zu locker sein, sonst leiert das Bündchen zu schnell aus. Werden die Maschen bei Ihrer Arbeitsweise zu fest, können Sie den Anschlag auch mit zwei Stricknadeln arbeiten und die zweite Nadel vor dem Stricken der ersten Reihe herausziehen.

Messen Sie zu Beginn ein Fadenende für den Unter- bzw. Daumenfaden ab. Für jede Anschlagmasche brauchen Sie bei mittelstarken Garnen etwa 2 cm, bei dünneren etwas weniger. Geben Sie zu der errechneten Länge noch etwa 20 cm dazu. Lassen Sie den Unterfaden lieber länger – Sie können den Endfaden später auch zum Zusammennähen verwenden.Den Kreuzanschlag können Sie ohne Knoten beginnen.

TIPP

Achten Sie darauf, dass die erste Reihe nach dem Kreuzanschlag eine Rückreihe ist, denn bei der Anschlagreihe bilden sich auf der Rückseite ähnliche Schlingen wie bei einer linken Reihe.

1. Das Fadenende um den linken kleinen Finger wickeln, zwischen Zeige- und Mittelfinger nach hinten führen und über den Zeigefinger nach vorn. Dann von vorn nach hinten um den Daumen wickeln.

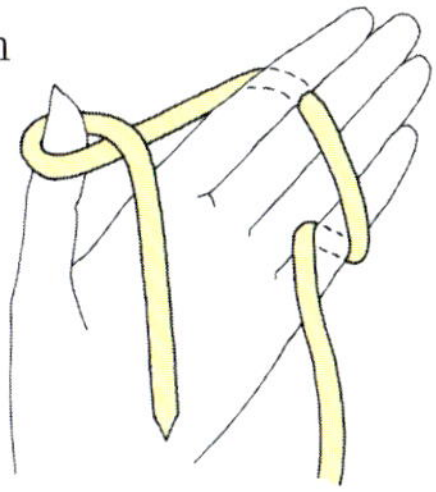

2. Beide Fadenenden fest halten und mit der rechten Nadel von unten in die Daumenschlinge stechen.

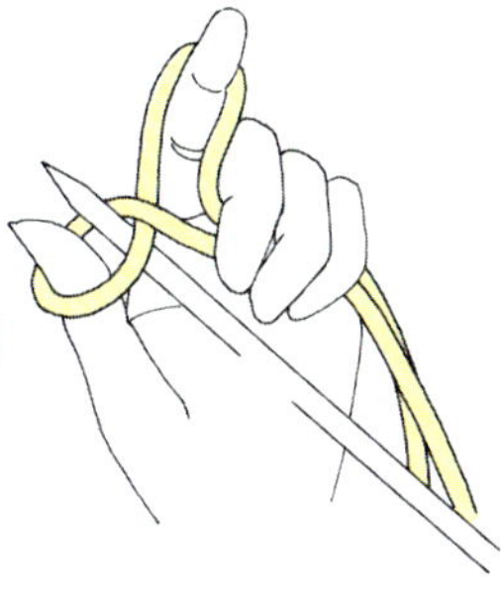

3. Die rechte Nadel hinter dem vom Zeigefinger kommenden Faden durchführen …

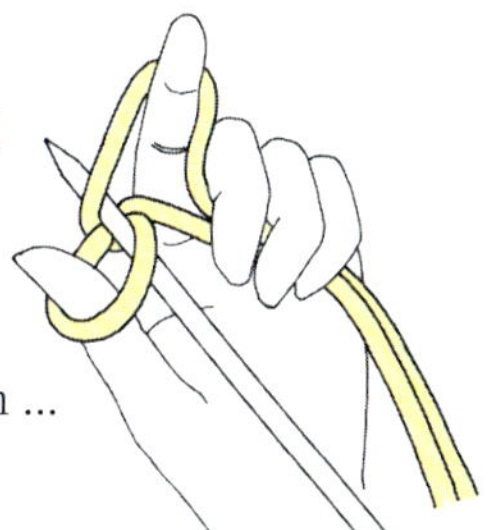

4. … und den Faden durch die Daumenschlinge ziehen. Den Faden vom Daumen rutschen lassen.

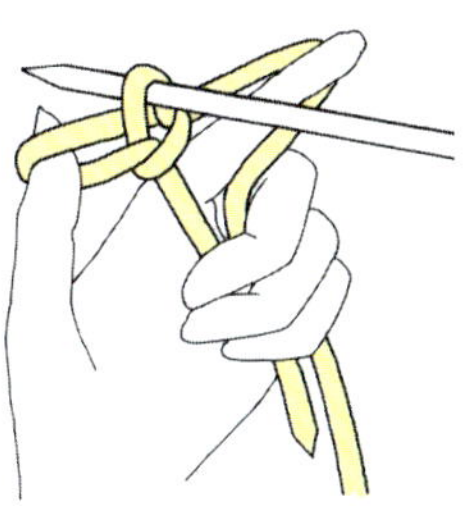

5. Mit dem Daumen den Endfaden von hinten nach vorn erfassen, die Masche fest anziehen und den Daumen wieder nach oben heben.

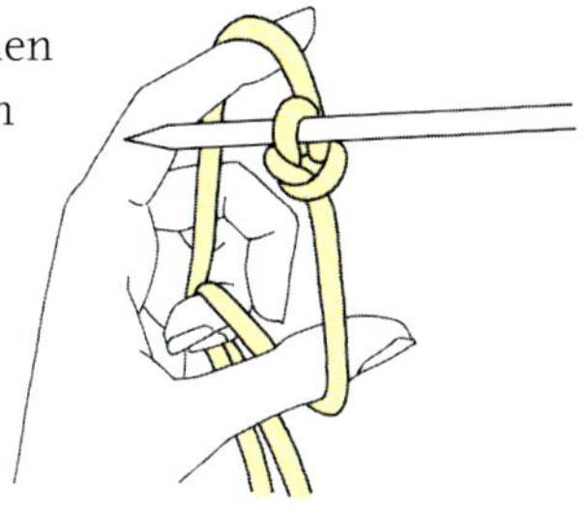

6. Die erste Masche ist auf der rechten Nadel. Nun wieder von unten in die Daumenschlinge einstechen, …

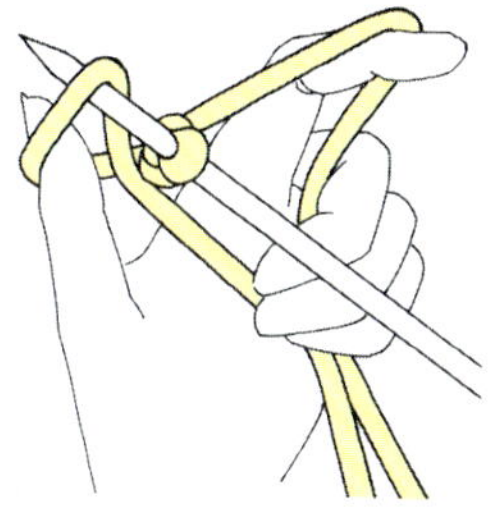

7. … den Faden erneut durchholen und die Schlinge anziehen.

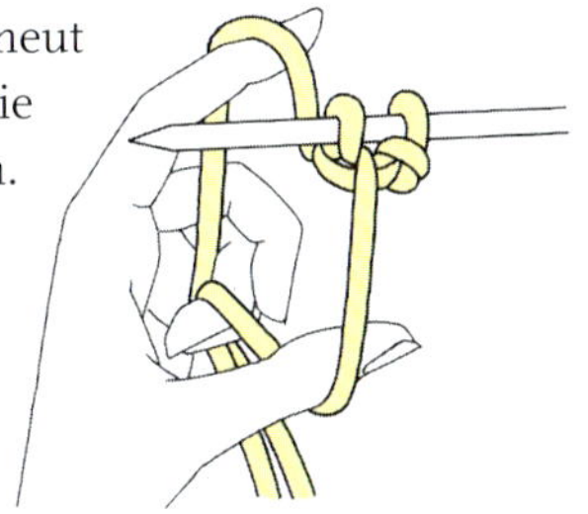

8. Jeder Arbeitsgang bildet eine neue Masche.

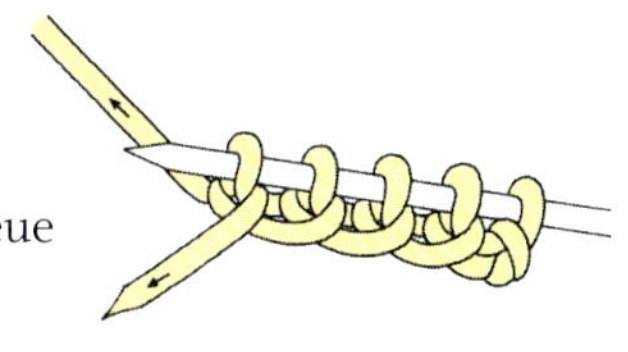

DOPPELT GESICHERT

Besonders strapazierfähig wird die Kreuzanschlagkante, wenn Sie den Unterfaden doppelt legen. Das ist besonders wichtig bei Kinderpullovern und auch bei Socken oder Mützen, bei denen der Anschlag oft übermäßig gedehnt wird. Legen Sie den Faden wie unten beschrieben um die linke Hand. Der Endfaden muss hier etwa doppelt so lang sein.

1. Legen Sie das Ende des Daumenfadens ebenfalls über den Daumen und beginnen Sie den Kreuzanschlag, wie beschrieben.

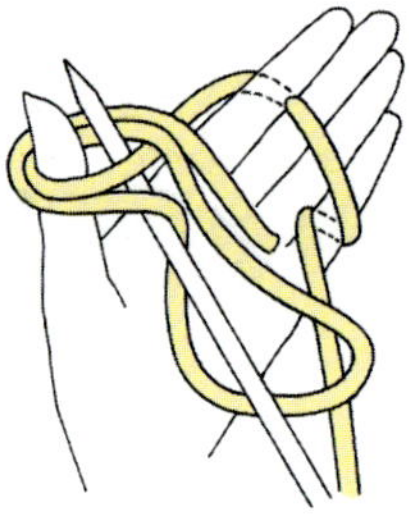

2. Legen Sie nach dem Festziehen der ersten Masche das kurze Endstück zur Seite und arbeiten Sie mit den zwei Daumenfäden weiter.

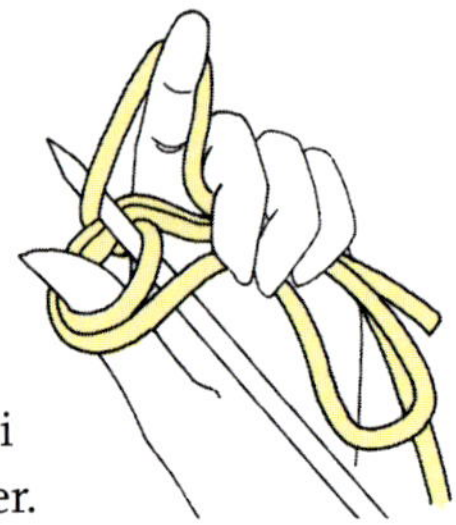

3. Wenn hier der Unterfaden nicht reicht, können Sie ihn leicht verlängern, indem Sie einen zusätzlichen Faden in die Schlinge einlegen.

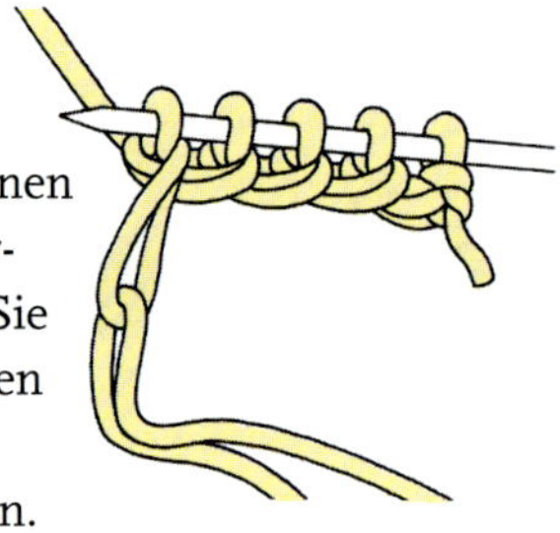

KREUZANSCHLAG FÜR BREITE TEILE

Für breite Pulloverteile ist es schwierig, die richtige Länge des Unterfadens abzuschätzen. Nehmen Sie für Ober- und Unterfaden je ein Knäuel und verknoten die Fadenenden locker miteinander. So können Sie endlos Maschen anschlagen. Den Unterfaden am Ende der Anschlagreihe abschneiden, mit dem Oberfaden weiterarbeiten.

OFFENER ANSCHLAG

Wenn Sie nachträglich Bündchen oder Blenden anstricken möchten, empfiehlt sich der offene Anschlag. Auch bei Quergestricktem können Sie so eine dicke Naht vermeiden.

Mit kontrastfarbenem Garn etwa gleicher Stärke eine Luftmaschenkette häkeln. Aus den hinteren, quer liegenden Maschenteilen je 1 Masche aufnehmen. Fassen Sie die Maschen sauber auf, dann lässt sich die Luftmaschenkette leicht lösen.

Nach Fertigstellung des Teils die Maschen der ersten Reihe auf eine dünnere Nadel nehmen und die Luftmaschenkette auftrennen.

Stricken Sie nun mit der dünneren Bündchen-Stricknadel die erste Reihe auf der rechten Seite rechts, auf der linken Seite links. Ohne diese Reihe sind die Schlingen der vorher mit dickeren Nadeln glatt rechts gestrickten Maschen deutlich zu sehen (Foto unten).

Auch wenn Sie das Bündchen in der Grundfarbe stricken, ist diese zusätzliche Reihe empfehlenswert.

TIPP

Es ist Glücksache, wenn man das Fadenende in der Mitte eines Knäuels auf Anhieb erwischt, meist zieht man etwas zuviel Garn heraus. Doch nur wenn Sie ein Knäuel von innen nach außen verarbeiten, bleibt es stets an derselben Stelle liegen und kugelt beim Abwickeln nicht überall herum. Das ist besonders beim Stricken mit mehreren Garnen wichtig. Und außerdem lässt sich das kleine Anfangsknäuel leicht entwirren und ist schnell verstrickt.

Rechte und linke Maschen

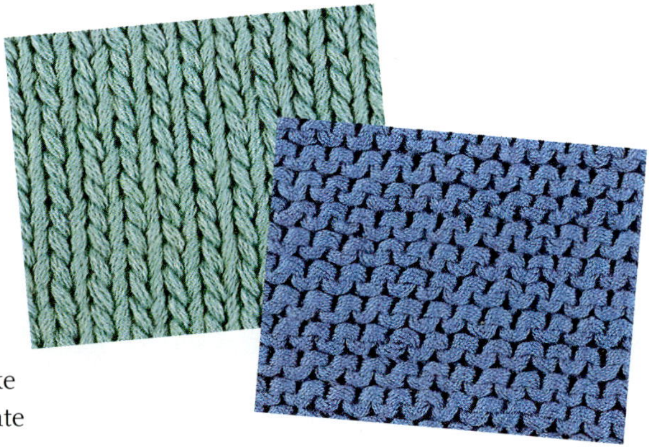

Rechte und linke Maschen sind die Basis für jede Strickarbeit. Ob Struktur- oder Lochmuster, ob Zopf- oder auch Patentmuster, immer sind diese Grundstrickarten dabei.

Glatt rechts: In den Hinreihen rechte Maschen, in den Rückreihen linke Maschen stricken.

Glatt links: In den Hinreihen linke Maschen, in den Rückreihen rechte Maschen stricken.

RECHTE MASCHEN

1. Mit der rechten Nadel stechen Sie in die erste Masche der linken Nadel von vorn nach hinten ein.

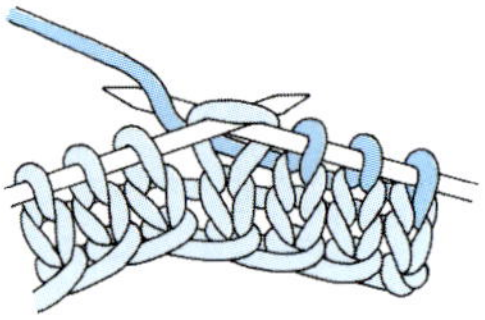

2. Ziehen Sie mit der rechten Nadel den Faden nach vorn durch. Dann die Schlinge von der linken Nadel gleiten lassen, den Faden leicht anziehen.

3. Die Schlinge der Vorreihe bildet eine rechte Masche.

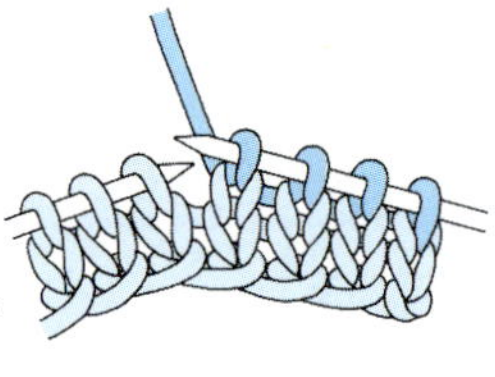

LINKE MASCHEN

1. Den Faden vor die Arbeit legen, mit der rechten Nadel in die erste Masche von rechts nach links einstechen.

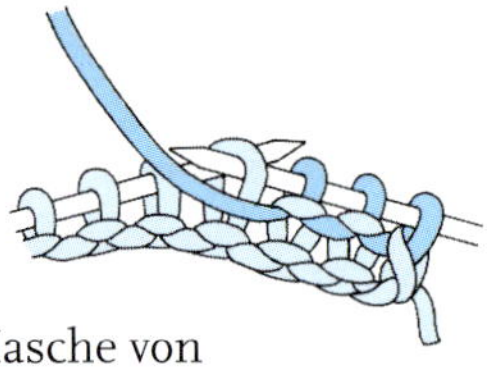

2. Den Faden von vorn nach hinten um die rechte Nadel legen und die Schlinge nach hinten durchziehen.

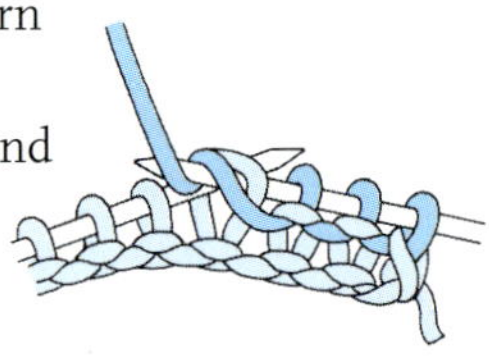

3. Die Masche von der linken Nadel gleiten lassen, den Faden dabei leicht anziehen. Die Schlinge der Vorreihe bildet eine linke Masche.

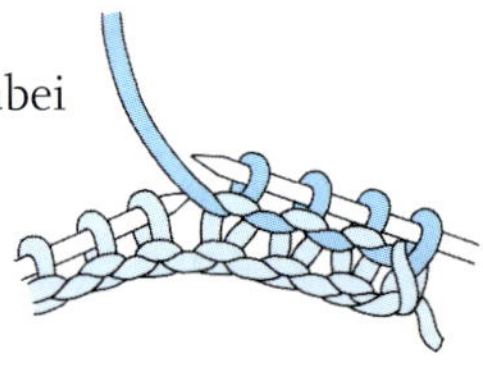

Grundmuster und Farbübergänge

Mit rechten und linken Maschen können Sie die schönsten Strukturmuster stricken. Hier einige Beispiele:

KLEINES PERLMUSTER

Dafür werden immer 1 Masche rechts und 1 Masche links im Wechsel gestrickt. In allen folgenden Reihen wird das Muster versetzt gearbeitet, d. h. über der links erscheinenden Masche wird rechts, über der rechts erscheinenden Masche links gestrickt.

RIPPENMUSTER

Dafür werden 2 Maschen glatt rechts und 3 Maschen glatt links im Wechsel gestrickt. Damit das Muster an den Nähten zusammenpasst, sollten Sie in einer Hinreihe mit 1 Masche rechts, in einer Rückreihe mit 1 Masche links beginnen.

DAS IST WICHTIG FÜR SCHÖNE RÄNDER

Viele Strickerinnen kennen dieses Problem: Besonders bei einfach glatt rechts gestrickten Teilen erscheinen an den Seiten direkt neben den Randmaschen immer einige Maschen sehr fest, in der Reihe darüber sehr locker. An der linken Kante ist dieses Übel meist noch etwas deutlicher zu sehen.

Der Grund hierfür liegt jeweils in der Vorreihe! Beim Einstechen in die Masche

wird der Faden der Vorreihe meist etwas zu sehr in die Höhe gezogen und dann abgestrickt. So schiebt sich bei jeder Masche fast unsichtbar ein kleines Stückchen mehr Garn zur nächsten Masche. Innerhalb der Reihe fällt dieses Weiterschieben nicht auf, doch am Ende der Reihe verteilt sich das überschüssige Garn auf die letzten Maschen vor der Randmasche.

Diese unschönen Ränder sind mit etwas Übung leicht zu verhindern:

Sie müssen in jeder Reihe die ersten 3 bis 4 Maschen nach der Randmasche sehr fest anziehen und die letzten 3 bis 4 Maschen eher etwas lockerer stricken.

FARBÜBERGÄNGE BEI LINKS GESTRICKTEN UND GEMUSTERTEN STREIFEN

Manche mögen sie, manche nicht, die »Kette«, die entsteht, wenn bei Querstreifen mit Strukturmustern rechte und linke Maschen übereinander liegen. Um bei diesen Mustern auf der Vorderseite eine klare Farbabgrenzung zu erhalten, müssen die Maschen in der ersten Reihe einer neuen Farbe in einer Hinreihe rechts, in einer Rückreihe links gestrickt werden. So erscheint die zweifarbige Kette auf der Rückseite der Arbeit.

Je 4 Reihen in Petrol und Weiß – immer glatt links gestrickt. Die Kette entsteht bei jedem Farbübergang jeweils in der 1. Reihe einer neuen Farbe.

Ganz klar wird das Farbbild, wenn Sie nach den ersten 4 Reihen immer 1 Hinreihe rechte Maschen und 3 Reihen glatt links in jeder Farbe stricken.

Hier sind je 2 Maschen rechts und links im Wechsel gestrickt, und nach jeder 2. Reihe, also in jeder Hinreihe, ist das Muster versetzt gestrickt. Nach je 6 Reihen ist eine neue Farbe eingesetzt. Bei allen Perl- oder Kästchenmustern erscheinen jeweils die in der neuen Farbe links gestrickten Maschen als Kette.

Das Kästchenmuster ist hier über 7 Reihen gestrickt. Jeweils die 1. Reihe in einer neuen Farbe wird zusätzlich gestrickt. Sie ist in den Hinreihen rechts, in den Rückreihen links gestrickt. Diese zusätzliche Reihe fällt beim Musterverlauf kaum auf, der Streifen wird nur wenig breiter.

Maschenprobe

Bevor Sie mit dem Stricken eines Modells anfangen, sollten Sie immer eine Maschenprobe machen! Das ist unbedingt nötig, denn jede Strickerin strickt anders, braucht mal mehr oder weniger Maschen und Reihen für dieselbe Breite. Sie sparen trotz des kleinen Aufwands Zeit – und häufig auch Geld und Ärger.

Benutzen Sie das Garn, aus dem Sie später Ihren Pullover oder Ihre Jacke stricken möchten. Beachten Sie dabei auch die Angaben auf der Banderole.

Machen Sie grundsätzlich eine Maschenprobe, die mindestens 12 mal 12 cm groß ist. Randmaschen sowie Anschlag- und Abkettreihen ergeben meist keine zuverlässigen Messwerte. Vor dem Messen sollten Sie das Probestück etwas anfeuchten, leicht spannen und trocknen lassen – also genauso behandeln wie später das fertige Strickstück.

Legen Sie nun die Maschenprobe auf eine glatte Unterlage, eventuell müssen Sie sie auch mit Stecknadeln befestigen.

Mit Hilfe einer speziellen Schablone (erhältlich in Handarbeitsgeschäften) können Sie die Maschen und Reihen leicht auszählen. Aber es geht auch mit einem einfachen Zentimetermaß; dann sind an den entsprechenden Stellen eingesteckte Stecknadeln hilfreich.

Wenn Maschen- und Reihenzahl mit den Angaben auf der Banderole oder der jeweiligen Anleitung übereinstimmen, können Sie mit dem Stricken beginnen.

Wenn Sie mehr Maschen und Reihen gezählt haben, stricken Sie zu fest. Benutzen Sie dann bitte eine größere Nadelstärke.

Wenn Sie weniger Maschen und Reihen gezählt haben, stricken Sie zu locker. Benutzen Sie dann eine kleinere Nadelstärke.

Bei der Maschenprobe von glatt rechten und glatt linken Strickteilen ist das Verhältnis von Maschen zu Reihen etwa 2:3. Das gilt auch für Strukturmuster und glatt rechts gestrickte Intarsienarbeiten.

TIPP

Auch wenn Ihre Maschenprobe den Angaben entspricht, kontrollieren Sie Ihr Strickstück in etwa 30 cm Höhe noch einmal. Es gibt viele Strickerinnen, die mit vielen Maschen auf der Nadel fester oder lockerer stricken als bei der kleinen Maschenprobe.

Mit der folgenden Tabelle können Sie die nötige Maschenzahl für die gewünschte Breite Ihres Strickstücks leicht ausrechnen. Die Randmaschen müssen immer zusätzlich gearbeitet werden. Bei einer Maschenprobe von 22 Maschen und einer gewünschten Breite von 55 cm brauchen Sie also 110+11+2 Randmaschen = 123 Maschen insgesamt.

Maschen- und Reihenzähler gibt es im Fachhandel in unterschiedlichen Ausführungen zu kaufen.

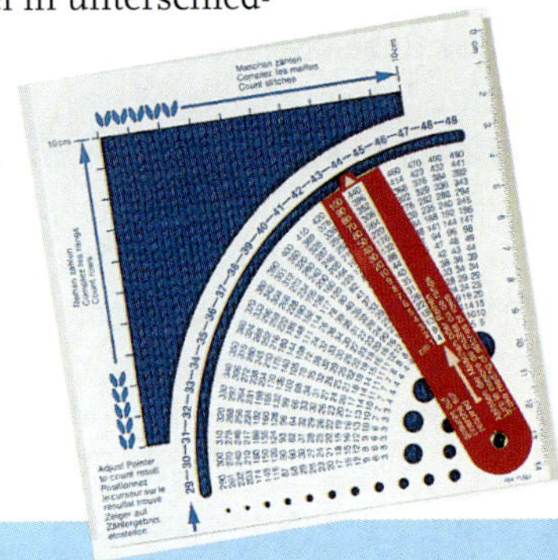

Maschenzahl pro 10 cm

M/cm	10	11	12	13	14	15	16	17	18	19	20	21	22	23	24	25	26	27	28	29	30	31	32
1 cm	1	1	1	1	1	2	2	2	2	2	2	2	2	2	2	3	3	3	3	3	3	3	3
2 cm	2	2	2	3	3	3	3	3	4	4	4	4	4	5	5	5	5	5	6	6	6	6	6
3 cm	3	3	4	4	4	5	5	5	5	6	6	6	7	7	7	8	8	8	8	9	9	9	10
4 cm	4	4	5	5	6	6	6	7	7	8	8	8	9	9	10	10	10	11	11	12	12	12	13
5 cm	5	6	6	7	7	8	8	9	9	10	10	11	11	12	12	13	13	14	14	15	15	16	16
6 cm	6	7	7	8	8	9	10	10	11	11	12	13	13	14	14	15	16	16	17	17	18	19	19
7 cm	7	8	8	9	10	11	11	12	13	13	14	15	15	16	17	18	18	19	20	20	21	22	22
8 cm	8	9	10	10	11	12	13	14	14	15	16	17	18	18	19	20	21	22	22	23	24	25	26
9 cm	8	10	11	12	13	14	14	15	16	17	18	19	20	21	22	23	23	24	25	26	27	28	29
10 cm	10	11	12	13	14	15	16	17	18	19	20	21	22	23	24	25	26	27	28	29	30	31	32
20 cm	20	22	24	26	28	30	32	34	36	38	40	42	44	46	48	50	52	54	56	58	60	62	64
30 cm	30	33	36	39	42	45	48	51	54	57	60	63	66	69	72	75	78	81	84	87	90	93	96
40 cm	40	44	48	52	56	60	64	68	72	76	80	84	88	92	96	100	104	108	112	116	120	124	128
50 cm	50	55	60	65	70	75	80	85	90	95	100	105	110	115	120	125	130	135	140	145	150	155	160
60 cm	60	66	72	78	84	90	96	102	108	114	120	126	132	138	144	150	156	162	168	174	180	186	192

Randmaschen

Ein wichtiges Thema beim Stricken sind perfekte Ränder. Sie erleichtern zum einen das Zusammennähen der Strickstücke, zum anderen sollen Ränder, die nicht in Nähten verschwinden, besonders dekorativ aussehen.

Für alle Strickstücke, die später zusammengenäht werden, sind zweimal bzw. in jeder Reihe gestrickte Randmaschen empfehlenswerter als einmal gestrickte. Die Maschen neben den Randmaschen werden dabei gleichmäßiger, und außerdem lassen sich die Teile auch schöner zusammennähen, denn bei einmal gestrickten Randmaschen entstehen oft kleine Löcher.

NAHTRAND

Beim Nahtrand werden bei glatt rechten Strickstücken alle Maschen glatt rechts gestrickt, d. h. die erste und die letzte Masche in den Hinreihen immer rechts, in den Rückreihen immer links stricken; bei glatt linken Strickstücken umgekehrt.

Dieser feste Rand ist für alle Teile geeignet, die später zusammengenäht werden. Damit die Naht flacher wird, können bei dickeren oder flauschigen Garnen auch halbe Maschen zusammengenäht werden. Außerdem ist er der am besten geeignete Rand, wenn Sie später Blenden quer anstricken möchten.

KNÖTCHENRAND

Für diesen Knötchenrand werden die Randmaschen am Anfang jeder Reihe rechts abgehoben, am Ende jeder Reihe rechts gestrickt. Oder umgekehrt: Die Randmaschen werden am Anfang jeder Reihe rechts gestrickt und am Ende jeder Reihe rechts abgehoben. Doch hat sich gezeigt, dass diese Art des Strickens einige Nachteile hat. Alle zwei Reihen ergibt sich nämlich im Gestrick ein Absatz, der einige Maschen in das Strickstück hineinreicht und auch nach dem Zusammennähen sichtbar bleibt.

Besser geeignet sind daher der rechts gestrickte oder der links gestrickte Knötchenrand, bei dem die Randmaschen am Anfang und am Ende in jeder Reihe rechts oder links gestrickt werden.

Der rechts gestrickte Knötchenrand ist für alle kraus rechten Strickstücke geeignet, da sich dabei die Reihen mehr zusammenziehen als bei glatt rechten. Ebenfalls geeignet ist er auch bei sehr langhaarigem Mohairgarn, denn die Knötchen können für flachere Nähte so zusammengenäht werden, dass sie wie bei einem Reißverschluss ineinander greifen.

Beim links gestrickten Knötchenrand lassen sich die Maschen noch fester anziehen. Deshalb ist er besonders für Patent- oder Halbpatentmuster geeignet.

Rechts gestrickter Knötchenrand

Links gestrickter Knötchenrand

Die klassische Kettrandmasche

Die Zier-Kettrandmasche

KETTRANDMASCHEN

Kettrandmaschen können auf zwei Arten gestrickt werden: die klassische Kettrandmasche und die Zier-Kettrandmasche.

Für die klassische Kettrandmasche am Anfang der Hinreihe den Faden nach vorn nehmen und die Randmasche wie zum Linksstricken abheben, vor der letzten Masche den Faden wieder nach vorn nehmen und die letzte Masche wie zum Linksstricken abheben; in der Rückreihe die erste Masche rechts verschränkt stricken, dafür in das hintere Maschenglied einstechen, und die letzte Masche rechts stricken.

Für die Zier-Kettrandmasche in der Hinreihe die erste Masche rechts verschränkt stricken, dabei in das hintere Maschenglied einstechen, die letzte Masche rechts stricken; in der Rückreihe die erste und letzte Masche wie zum Linksstricken abheben, der Faden liegt dabei vor der Arbeit.

TIPP

Stricken Sie in jeder Reihe die ersten 4 bis 5 Maschen sehr fest, dann werden auch die Maschen neben den Randmaschen gleichmäßiger.

Zunahmen

Für Ärmel- oder Seitenschrägungen, bei Erweiterungen nach dem Bündchen und auch bei vielen Mustern müssen Maschen auf unterschiedliche Weise zugenommen werden. Auf den folgenden Seiten sind alle Zunahmen genau erklärt.

ZUNAHMEN FÜR SCHRÄGUNGEN

Diese Zunahmen werden meist verschränkt aus dem Querfaden herausgestrickt, damit sich keine Löcher bilden. Am besten ist es hier, die Zunahmen nicht direkt neben den Randmaschen, sondern 2 bis 3 Maschen vom Rand entfernt einzuarbeiten. Beim späteren Zusammennähen im Matratzenstich können so die Querfäden genau erfasst werden.

ZUNAHME MEHRERER MASCHEN

Wenn an den Seiten mehrere Maschen zugenommen werden müssen, wie z. B. für den Rumpf eines quer gestrickten Pullovers, können Sie die Maschen jeweils am Anfang der Reihe aufstricken (s. Seite 23).

ZUNAHMEN NACH DEM BÜNDCHEN

Auch nach den Bündchen müssen Maschen zugenommen werden. Am Rumpf reichen meist einige Zunahmen, um die gewünschte Weite zu erhalten, nach engen Ärmelbündchen ist die fehlende Maschenzahl größer. Diese Zunahmen sollten gleichmäßig auf die gesamte Breite verteilt werden, damit keine hässlichen »Beulen« entstehen. Und sie

sollten verschränkt gestrickt werden, damit keine Löcher zu sehen sind.

Wenn nach dem Bündchen ein einfaches Muster gestrickt wird, wie z. B. glatt rechts, können die Zunahmen in der ersten Musterreihe gearbeitet werden.

Einige Muster erfordern nach dem Bündchen auch doppelte Zunahmen, z. B. wenn Sie weiter im Rippen- oder Patentmuster arbeiten. Hier sieht es am schönsten aus, wenn Sie vor und nach der linken Masche eine links verschränkte Zunahme arbeiten und die linke Masche jetzt rechts stricken.

DOPPELTE ZUNAHMEN IM STRICKSTÜCK

Bei einigen Schnittformen müssen innerhalb des Strickstücks doppelte Zunahmen gearbeitet werden, d. h. zu beiden Seiten einer oder auch mehrerer Mittelmaschen wird je eine Masche zugenommen. Wenn Sie diese Zunahmen beidseitig dieser Mittelmasche gleich arbeiten, erscheinen die verschränkt abgestrickten Maschen bzw. Umschläge beide nach links gerichtet, also asymmetrisch.

Für ein symmetrisches Maschenbild bei Zunahmen mit Umschlägen arbeiten Sie den Umschlag vor der Mittelmasche »falsch«, d. h. Sie legen den Faden von hinten nach vorn über die rechte Nadel, den Umschlag nach der Mittelmasche wie gewohnt. In der nächsten Rückreihe stricken Sie den normalen Umschlag vor der Mittelmasche links verschränkt, den »falschen« Umschlag nach der Mittelmasche links ab.

Bei Zunahmen aus den Querfäden heben Sie den Querfaden vor der Mittelmasche von hinten nach vorn auf und stricken ihn rechts ab, nach der Mittelmasche heben Sie den Querfaden von vorn nach hinten auf und stricken ihn rechts verschränkt ab.

Diese symmetrischen Zunahmen sind wichtig bei betonten Schrägungen, die von oben nach unten gestrickt werden. Hier wird das Muster beidseitig der mittleren Maschen gleichmäßig erweitert, und die Zunahmen fügen sich besonders unauffällig in das Muster ein.

Bei den gestrickten Beispielen auf den folgenden Seiten sind die Zunahmen zu beiden Seiten hin gearbeitet; sie können aber entweder nur zu einer Seite oder zu beiden Seiten vorgenommen werden.

Für diese seitliche Zunahme wird in jeder 4. Reihe 1 Masche rechts verschränkt aus dem Querfaden gestrickt.

Für diese Schrägung wird beidseitig des großen Perlmusters in jeder 2. Reihe ein Umschlag gearbeitet und in der Rückreihe links gestrickt.

MUSTER MIT AB- UND ZUNAHME

Hier noch zwei Musterbeispiele, bei denen doppelte Ab- und Zunahmen die Grundlage bilden. Die Zunahmen sind mit Umschlägen, die doppelten Abnahmen mit obenauf liegender Mittelmasche gearbeitet.

Bei diesen Mustern bilden sich die charakteristische Wellenform durch Ab- und Zunahmen.

NICHT VERSCHRÄNKTE RECHTE ZUNAHME

1. Mit der linken Nadel den Querfaden zwischen 2 Maschen von vorn nach hinten aufnehmen und …

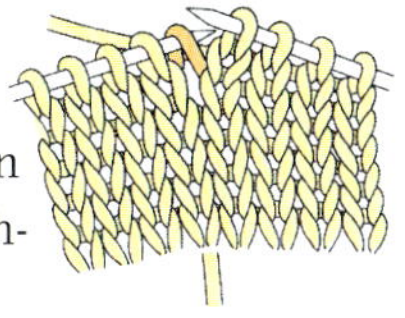

2. … rechts abstricken. Die neue rechte Masche liegt auf der rechten Nadel. Diese Zunahme zeigt ein sichtbares kleines Loch.

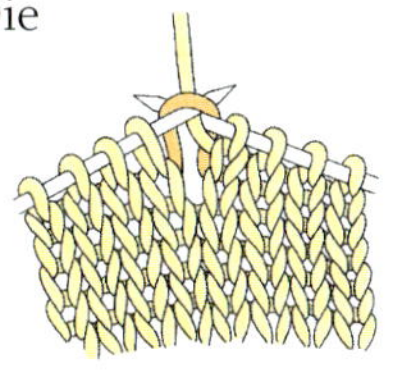

Beidseitig der Mittelmasche wird je 1 Masche unverschränkt aus dem Querfaden zugenommen; hier sind zwei kleine Löcher sichtbar.

VERSCHRÄNKTE RECHTE ZUNAHME

1. Mit der linken Nadel den Querfaden zwischen 2 Maschen von vorn nach hinten aufnehmen und …

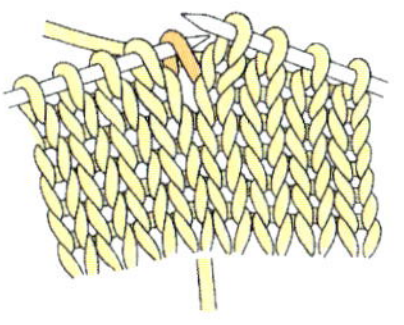

2. … rechts verschränkt abstricken, d. h. in den hinteren Schlingenteil einstechen.

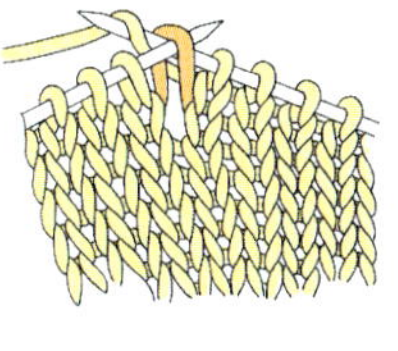

Beidseitig der Mittelmasche wird je 1 Masche verschränkt aus dem Querfaden zugenommen; so entsteht ein geschlossenes Maschenbild.

SYMMETRISCHE ZUNAHMEN AUS DEM QUERFADEN

1. Für symmetrische Zunahmen den Querfaden vor der Mittelmasche von hinten nach vorn aufnehmen …

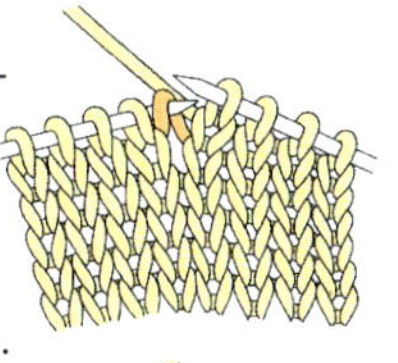

2. … und rechts abstricken. Den Querfaden nach der Mittelmasche wie die verschränkte rechte Zunahme arbeiten.

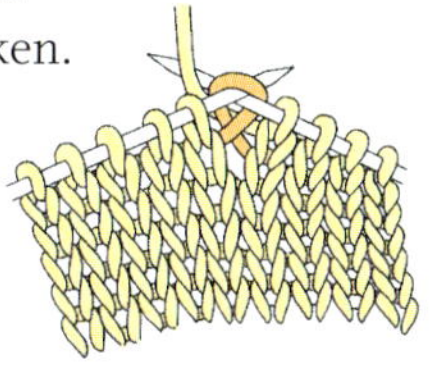

Symmetrisch werden die Zunahmen, wenn der Querfaden vor und nach der Mittelmasche wie oben beschrieben abgestrickt wird.

NICHT VERSCHRÄNKTE LINKE ZUNAHME

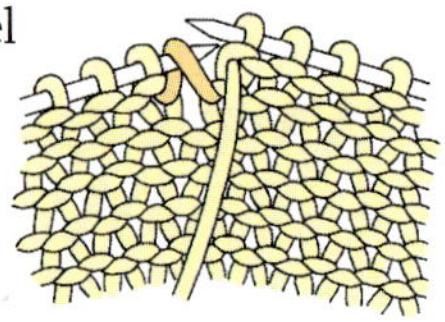

1. Mit der linken Nadel den Querfaden zwischen zwei Maschen von vorn nach hinten aufnehmen und ...

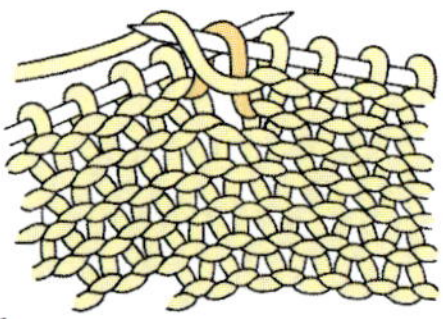

2. ... links abstricken. Die neue linke Masche liegt auf der rechten Nadel. Diese Zunahme zeigt ein sichtbares kleines Loch.

VERSCHRÄNKTE LINKE ZUNAHME

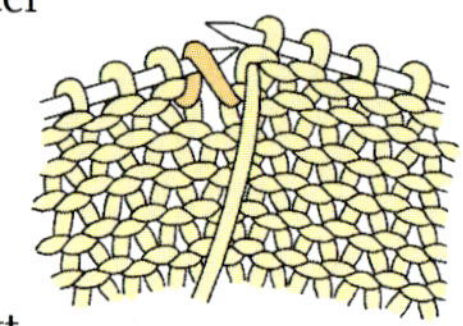

1. Mit der linken Nadel den Querfaden zwischen 2 Maschen von vorn nach hinten aufnehmen und links verschränkt abstricken, ...

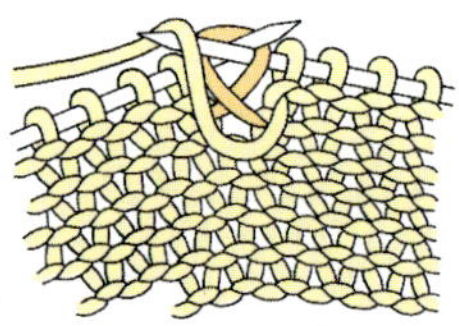

2. ... d. h. von links nach rechts in den hinteren Schlingenteil einstechen. So entsteht ein geschlossenes Maschenbild. Auf der Vorderseite ist diese Zunahme nach links gerichtet.

SYMMETRISCHE VERSCHRÄNKTE LINKE ZUNAHME

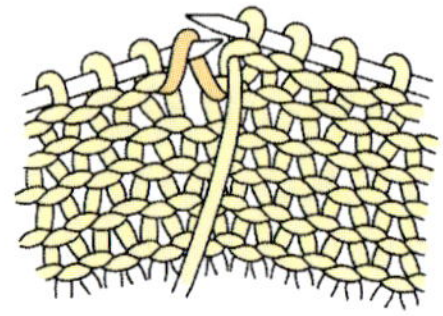

1. Diese Zunahme ist für das symmetrische Bild glatt rechter Vorderseiten wichtig: Mit der linken Nadel den Querfaden zwischen 2 Maschen von hinten nach vorn aufnehmen und ...

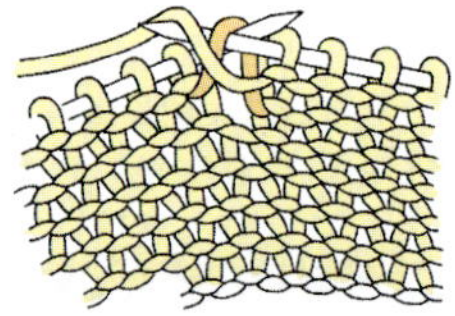

2. ... links abstricken, d. h. von rechts nach links in den vorderen Schlingenteil einstechen. Die Schlinge verdreht sich hier von selbst. Auf der Vorderseite ist diese Zunahme nach rechts gerichtet.

ZUNAHMEN BEI RIPPENMUSTERN

Bei 1/1-Gestricktem sollten Sie immer doppelte Zunahmen arbeiten. Dafür nach einer rechten Masche aus dem Querfaden 1 Masche links verschränkt zunehmen, die folgende (bisher linke) Masche rechts stricken, dann aus dem folgenden Querfaden noch 1 Masche links verschränkt zunehmen. Auf diese Weise bleibt das Rippenmuster auch oberhalb der Zunahmen erhalten.

AUFSTRICKEN

Das Aufstricken empfiehlt sich immer dann, wenn an den Seiten mehrere Maschen zugenommen werden müssen, z. B. bei quer gestrickten Pullovern, bei denen Sie am Ende eines Ärmels viele Maschen für die Seitenkanten benötigen.

Zum Aufstricken als Anschlag benötigen Sie eine Anfangsschlinge. Beim Aufstricken von Maschen an Strickstücke arbeiten Sie immer am Anfang der Reihe.

Für Bündchen ist dieser Maschenanschlag nicht geeignet, weil er dafür zu locker ist.

1. Aus der ersten Masche der Reihe (bzw. dem Anfangsknoten) eine Masche herausstricken und die Schlinge etwas länger ziehen.

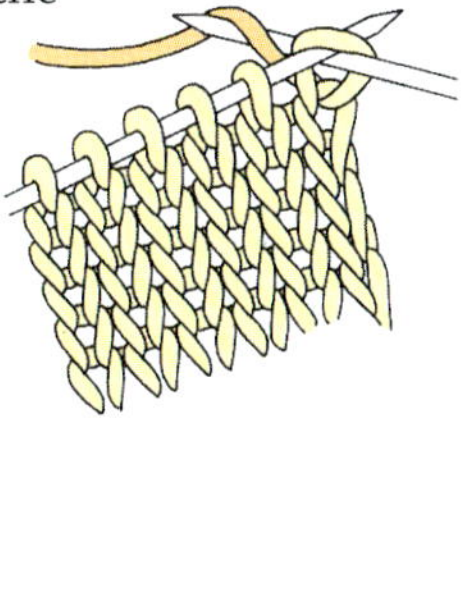

2. Nun mit der linken Nadel von unten nach oben durch die Schlinge fassen, ...

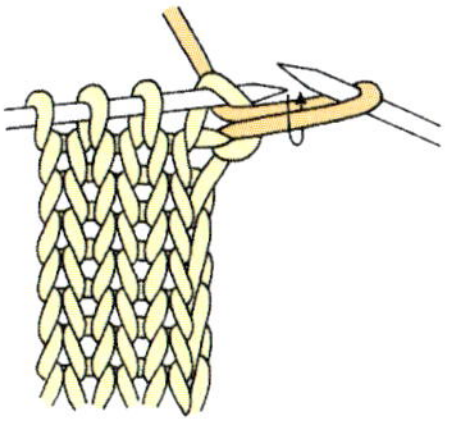

3. ... die Schlinge auf die linke Nadel heben und den Arbeitsfaden anziehen.

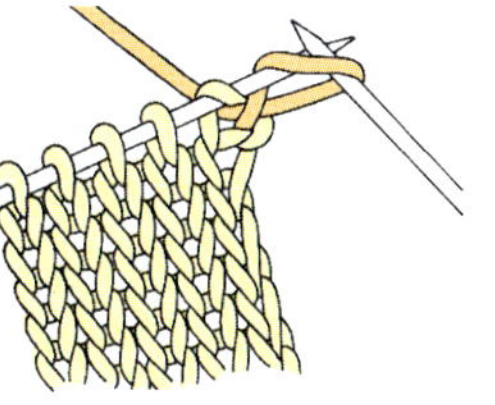

4. Die rechte Nadel nicht herausnehmen, sondern wieder eine Schlinge durchziehen und auf die linke Nadel heben usw.

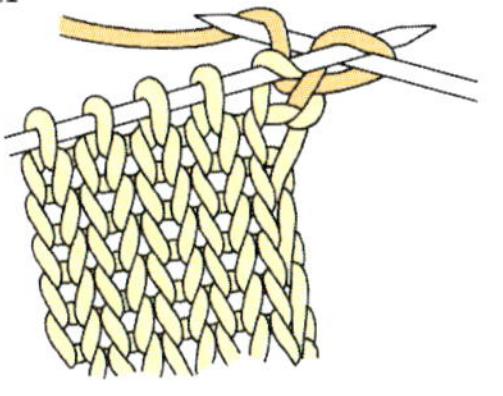

5. Es entsteht ein lockerer Rand, der sich leicht abstricken und später gut zusammennähen lässt.

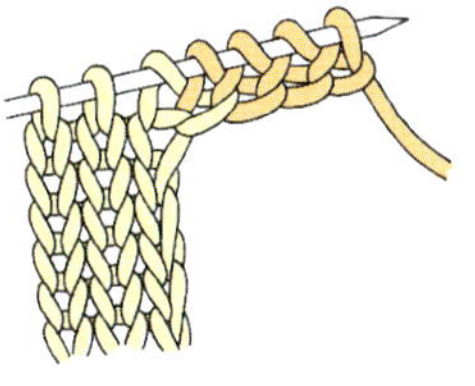

Abnahmen

Abnahmen sollten immer so gearbeitet sein, dass sie sich möglichst perfekt dem Strickstück anpassen. Das gilt für Abnahmen an den Rändern genauso wie für Abnahmen innerhalb der Strickstücke.

Bei Rundungen oder Schrägungen an den Seitenkanten, wie z. B. bei Armausschnitten, V-Ausschnitten oder Raglanmodellen, müssen einzelne Maschen an den Rändern abgenommen werden. Diese Abnahmen sollten immer zu Schnitt und Muster passen, also nach rechts oder links gerichtet sein.

Wenn bei Arm- oder Halsausschnitten nur eine Masche abgenommen werden muss, können Sie die Randmasche mit der folgenden Masche rechts oder links zusammenstricken. Bei allen Raglan- oder V-Ausschnitt-Schrägungen sieht es jedoch besser aus, wenn Sie die Abnahme um 1 oder 2 Maschen nach innen verlegen und die 2. und 3. oder die 3. und 4. Masche zusammenstricken. Bei den gezeigten Beispielen sind jeweils die 3. und 4. Masche zusammengestrickt bzw. überzogen gearbeitet.

Abnahmen in den Strickstücken werden genauso gearbeitet wie an den Rändern. Wenn Sie nun an beiden Seiten symmetrisch abnehmen möchten, müssen Sie 2 mal 2 Maschen zusammenstricken bzw. überzogen zusammenstricken. Diese doppelten Abnahmen benötigen Sie z. B. bei V-Ausschnitt-Blenden oder bei Zacken- oder Lochmustern.

Nach links gerichtete Abnahmen: Nach der Randmasche 1 Masche rechts stricken, dann einen einfachen Überzug arbeiten: die folgende Masche wie zum Rechtsstricken abheben, 1 Masche rechts stricken und die abgehobene Masche überziehen.

Nach rechts gerichtete Abnahmen: Bis 4 Maschen vor Ende der Reihe stricken, die folgenden 2 Maschen rechts zusammenstricken und noch 1 Masche rechts und die Randmasche stricken.

2 MASCHEN RECHTS ZUSAMMEN-STRICKEN

Für eine nach rechts gerichtete Abnahme einer Masche innerhalb eines Strickstücks werden 2 Maschen rechts zusammengestrickt.

1. Stechen Sie von links nach rechts in die vorderen Maschenglieder der 2 rechten Maschen ein.

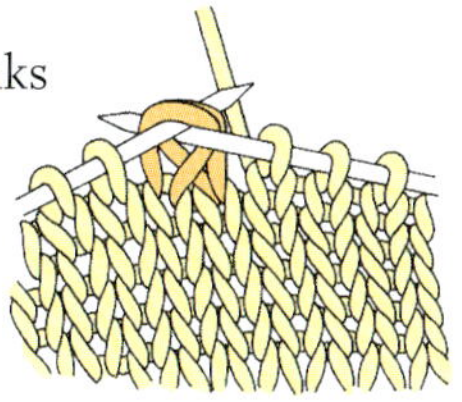

2. Ziehen Sie den Faden wie zum Rechtsstricken nach vorn durch und lassen Sie beide Maschen von der Nadel gleiten.

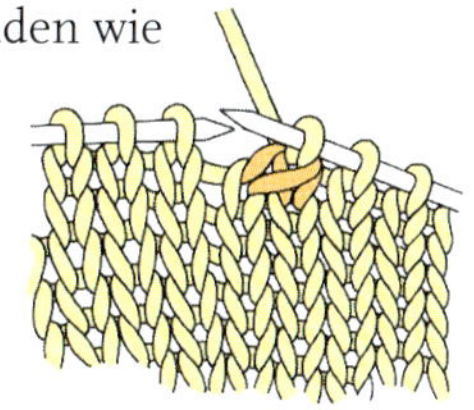

2 MASCHEN RECHTS ÜBERZOGEN ZUSAMMENSTRICKEN

Für eine nach links gerichtete Abnahme einer Masche wird ein einfacher Überzug gearbeitet.

1. Heben Sie die erste Masche wie zum Rechtsstricken ab.

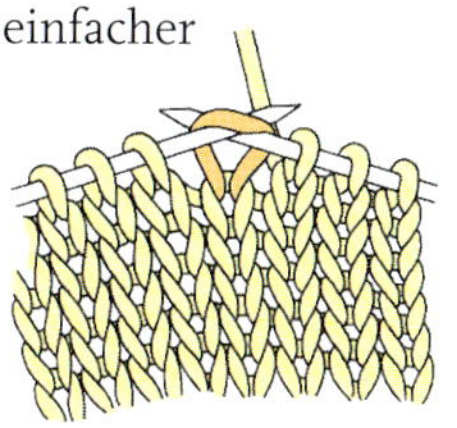

2. Stricken Sie die folgende Masche rechts und heben Sie die abgehobene Masche über die gestrickte.

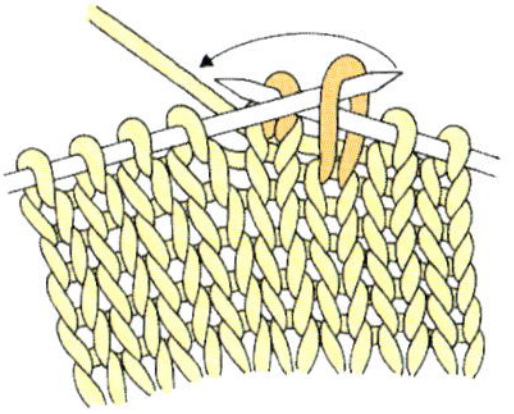

2 MASCHEN RECHTS VERSCHRÄNKT ZUSAMMENSTRICKEN

Die nach links gerichteten Abnahmen einer Masche können Sie auch verschränkt arbeiten, dann verdreht sich die obenauf liegende Masche.

1. Stechen Sie von rechts nach links in die hinteren Maschenglieder der 2 rechten Maschen ein.

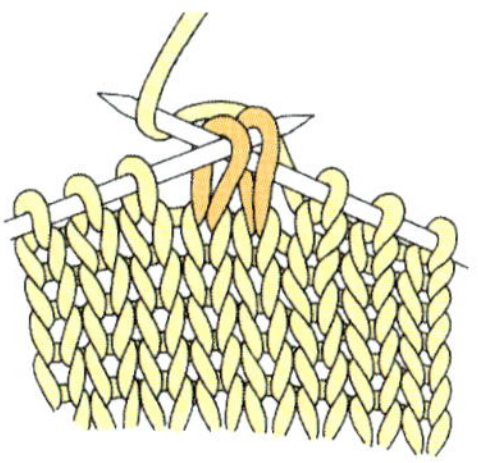

2. Ziehen Sie den Faden wie zum Rechtsstricken nach vorn durch und lassen Sie beide Maschen von der Nadel gleiten.

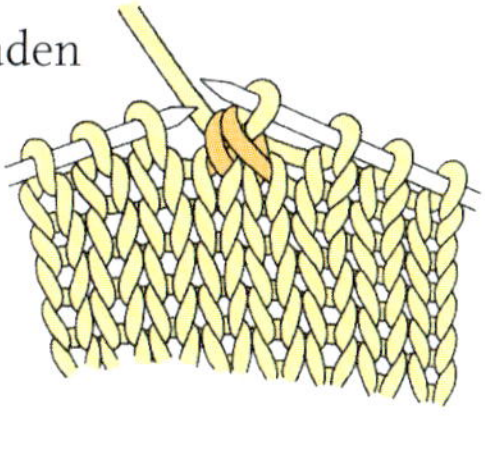

2 MASCHEN LINKS ZUSAMMENSTRICKEN

Bei glatt linken Flächen können Sie alle Abnahmen links zusammenstricken. Soll die Abnahme jedoch auf der glatt rechten Seite symmetrisch sein, stricken Sie für die nach rechts gerichtete Abnahme 2 Maschen links zusammen.

1. Stechen Sie von rechts nach links in die vorderen Maschenglieder ein.

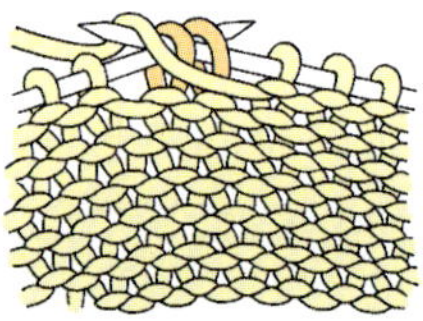

2. Ziehen Sie den Faden wie zum Linksstricken durch beide Maschen und lassen Sie diese Maschen von der Nadel gleiten.

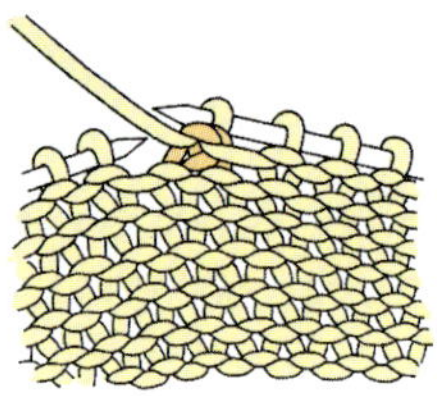

2 MASCHEN LINKS ÜBERZOGEN ZUSAMMENSTRICKEN

Für eine auf der glatt rechten Seite nach links gerichtete Abnahme wird der Überzug auf der Rückseite wie rechts beschrieben gearbeitet.

1. Mit der rechten Nadel hinter der Arbeit von rechts nach links in die 2. Masche einstechen. Die 1. Masche von der Nadel gleiten lassen und mit der linken Nadel gleich wieder auffassen.

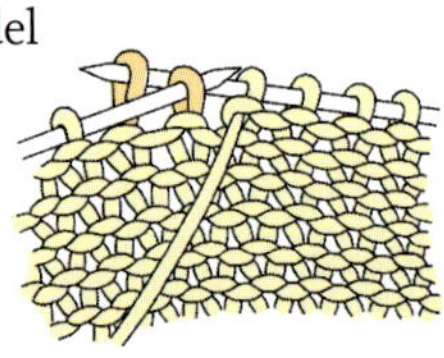

2. Nun die 1. Masche links stricken (die Masche der linken Nadel), dann hinter der Arbeit die 2. Masche über die 1. Masche ziehen.

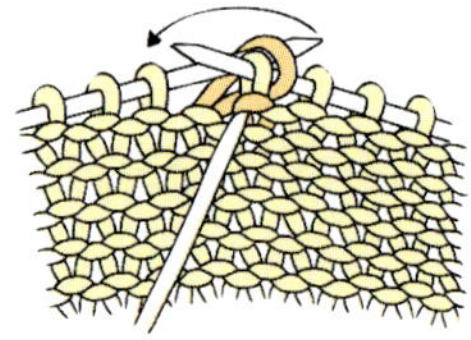

2 MASCHEN LINKS VERSCHRÄNKT ZUSAMMENSTRICKEN

Für eine auf der glatt rechten Seite nach links gerichtete Abnahme können Sie auch 2 Maschen links verschränkt zusammenstricken. Dabei verdreht sich die rechte Masche der Rückseite wie beim rechts verschränkten Zusammenstricken.

1. Stechen Sie auf der Rückseite der Arbeit von links nach rechts durch die hinteren Maschenglieder beider Maschen ein.

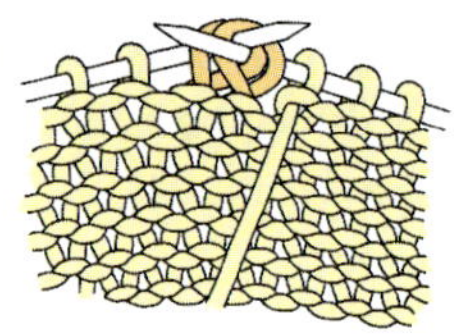

2. Ziehen Sie den Faden wie zum Linksstricken durch die Maschen und lassen Sie beide Maschen von der linken Nadel gleiten.

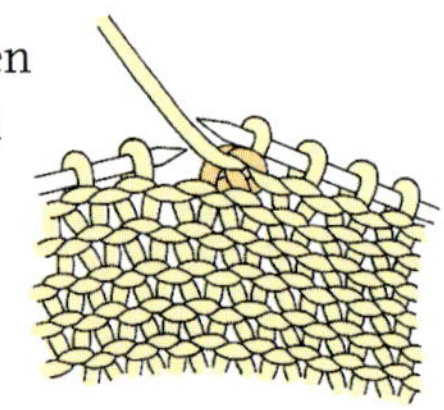

DOPPELTE ABNAHMEN, NACH LINKS BZW. RECHTS GERICHTET

Möchten Sie 2 Maschen abnehmen, können Sie für eine nach rechts gerichtete Abnahme 3 Maschen zusammenstricken. Für eine nach links gerichtete Abnahme können Sie 3 Maschen rechts verschränkt zusammenstricken oder wie unten beschrieben arbeiten.

1. Für eine nach links gerichtete doppelte Abnahme die 1. Masche wie zum Rechtsstricken abheben, die folgenden 2 Maschen rechts zusammenstricken, ...

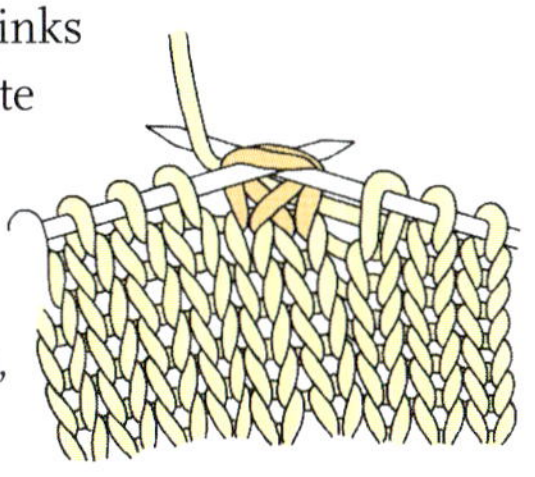

2. ... dann die abgehobene Masche über die zusammengestrickten Maschen ziehen.

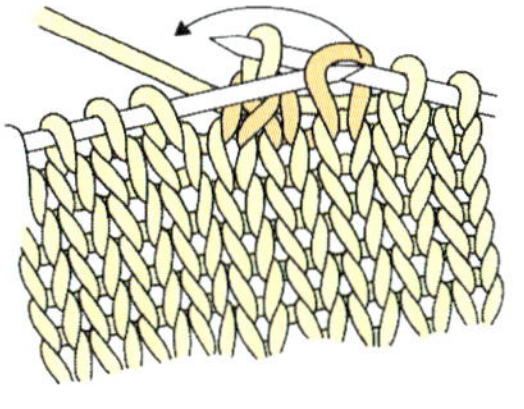

DOPPELTE ABNAHME MIT OBENAUF LIEGENDER MITTELMASCHE

Diese Abnahme, auch doppelter Überzug genannt, brauchen Sie häufig bei filigranen Lochmustern. Sie ist außerdem die schönste Abnahme für die vordere Spitze bei angestrickten Blenden in V-Ausschnitten. Eine doppelte Abnahme mit obenauf liegender Mittelmasche wird wie rechts beschrieben gearbeitet.

1. Die Masche vor der Mittelmasche mit der Mittelmasche zusammen wie zum Rechtsstricken abheben, ...

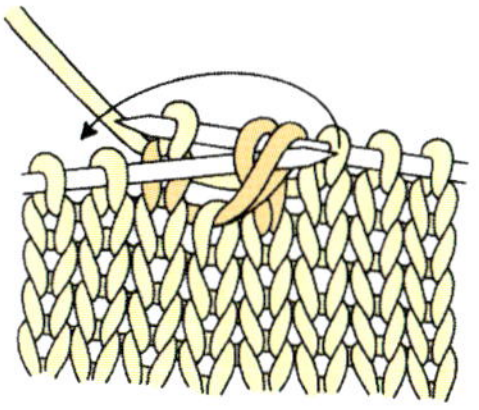

2. ... die folgende Masche rechts stricken und die abgehobenen Maschen überziehen.

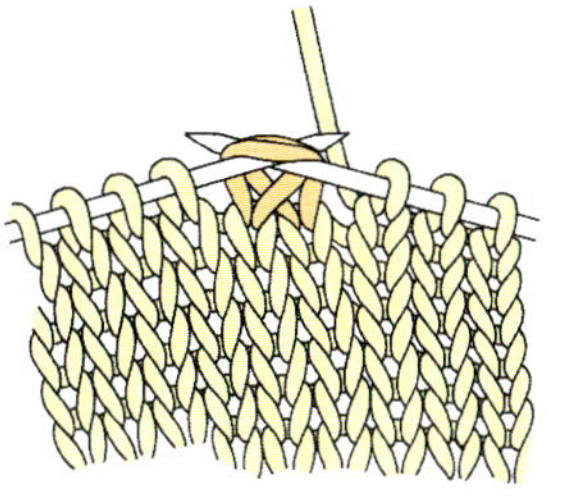

Für diese Blende sind in der Ausschnittmitte dreimal 3 Maschen links zusammengestrickt. Die letzte Abnahme ist mit rechten Maschen nach links gerichtet gearbeitet.

Abketten

Maschen abketten müssen Sie am Ende von Strickstücken, bei Ärm- und Halsausschnitten oder auch für Knopflöcher.

ABKETTEN DURCH ÜBERZIEHEN

Die Maschen der Abkettreihe werden dem Muster angepasst. Bei Strukturmustern z. B. sollten Sie mustergemäß stricken, bei rechtsgrundigen Mustern rechts, bei linksgrundigen Mustern links.

Der Abkettrand von Bündchenmustern kann ganz rechts gestrickt werden; der Rand legt sich dann leicht nach vorn. Doch ist der ganz rechts gestrickte Abkettrand weniger elastisch als ein im Maschenrhythmus abgeketteter Rand, z. B. je 1 Masche rechts und links im Wechsel.

Arbeiten Sie immer so nah wie möglich an der Nadelspitze und achten Sie beim Überziehen der Abkettmaschen darauf, dass Sie diese Maschen nicht lang ziehen.

Achten Sie bei der Abkettreihe auf das Muster, denn auch diese Reihe ist nach dem Zusammennähen der Strickteile noch etwas zu sehen.

ABKETTEN DURCH ZUSAMMENSTRICKEN

Beim Abketten durch Zusammenstricken entsteht ein fester, wenig elastischer Rand, denn die Abkettmasche ist durch das Zurückheben auf die linke Nadel nur so groß wie eine normale Masche. Beim normalen Abketten wird die Masche dagegen beim Überziehen meist etwas lang gezogen.

Das Zusammenstricken eignet sich daher sehr für Muster, bei denen sich die Maschen zusammenziehen, wie z. B. bei Zopfmustern, aber auch für Jacken- oder Taschenblenden, die sich nicht nachträglich ausdehnen sollen. Außerdem ist es zum Abketten von Schultermaschen sehr geeignet, da die Nähte hier später weniger ausleiern können.

ABKETTEN DURCH ABHÄKELN

Einige Strickerinnen bevorzugen auch das Abhäkeln. Hier wird die Festigkeit des Randes schon durch die Größe der Häkelnadel beeinflusst. Für einen normalen, relativ elastischen Rand ist eine Häkelnadel der gleichen Stärke wie die Stricknadeln geeignet. Für einen besonders festen Rand, z. B. für Blenden, nehmen Sie eine feinere Häkelnadel, für einen etwas lockereren Rand eine dickere, beispielsweise für Halsblenden, die später zur Hälfte nach innen umgenäht werden. Stechen Sie mit der Häkelnadel immer so in die Masche ein, wie Sie sie dem Muster entsprechend stricken würden: bei rechts Gestricktem von vorn nach hinten, bei links Gestricktem von rechts nach links. Ganz gleich, welche Art des Abkettens Sie bevorzugen, am Ende der Reihe bleibt stets eine Masche übrig. Ziehen Sie das Fadenende durch diese Masche und ziehen Sie es sehr fest an. Dann können Sie den Faden in den Randmaschen vernähen oder zum Zusammennähen der Teile nutzen.

ABKETTEN DURCH ÜBERZIEHEN BEI GLATT RECHTS GESTRICKTEM:

Bei Mustern mit rechten Maschen werden die Maschen rechts gestrickt und dann überzogen abgekettet.

Bei rechtsgrundigen Mustern stricken Sie die Randmasche und die folgende Masche rechts und heben die Randmasche über die 2. gestrickte Masche. Dann immer 1 Masche stricken und die vorherige überziehen, bis alle Maschen abgekettet sind.

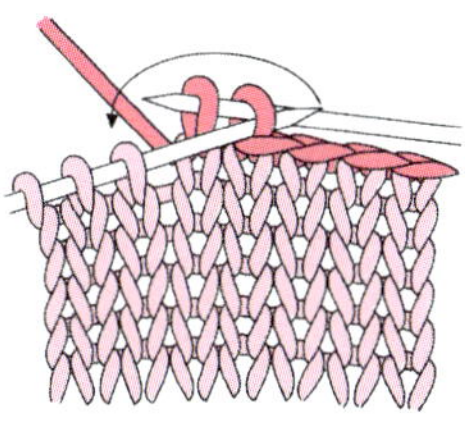

ABKETTEN DURCH ÜBERZIEHEN BEI GLATT LINKS GESTRICKTEM:

Bei Mustern mit linken Maschen werden die Maschen links gestrickt und dann überzogen abgekettet.

Bei linksgrundigen Mustern stricken Sie die Randmasche wie gewohnt und die folgende Masche links und heben dann die Randmasche über die 2. gestrickte Masche. Dann immer 1 Masche stricken und die vorherige überziehen, bis alle Maschen abgekettet sind.

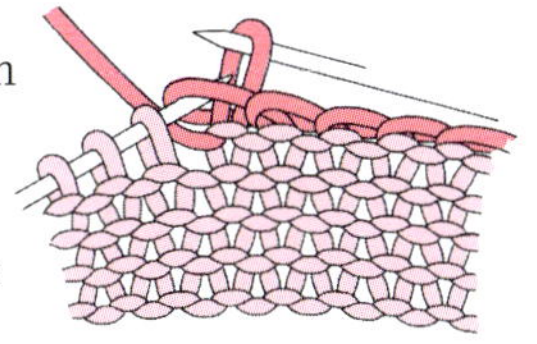

ABKETTEN DURCH ZUSAMMENSTRICKEN:

Es entsteht ein fester, wenig elastischer Rand, der besonders für »zusammenziehende« Muster, z. B. für Zöpfe, oder für Blenden und Knopflöcher geeignet ist.

Stricken Sie die ersten beiden Maschen der linken Nadel rechts verschränkt zusammen und heben Sie die Masche zurück auf die linke Nadel. Dann stricken Sie wieder 2 Maschen zusammen, bis alle Maschen abgekettet sind.

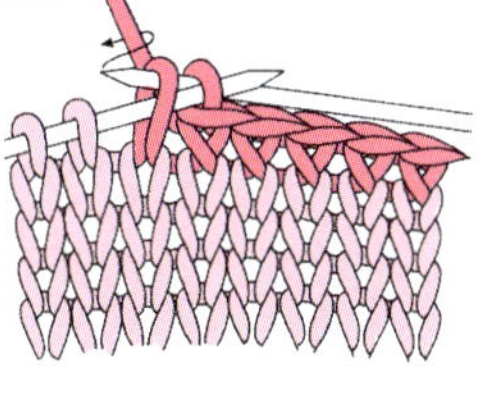

Nähte schließen

Die beste Verbindung für Seiten- und Ärmelnähte ist der Matratzenstich.

Mit ihm können Sie glatt rechte, glatt linke und auch im Patent gestrickte Teile fast unsichtbar zusammennähen. Voraussetzung dafür sind natürlich perfekte Ränder.

Vor dem Zusammennähen die Teile spannen und unter feuchten Tüchern trocknen lassen.

Zum Nähen selbst brauchen Sie eine Sticknadel ohne Spitze oder eine Wollnadel. Nach Möglichkeit sollten Sie die Teile mit dem gleichen Garn zusammennähen, mit dem Sie gestrickt haben.

Nehmen Sie jedoch auf keinen Fall Nähgarn, denn das ist nicht elastisch.

Legen Sie die Strickteile mit der rechten Seite nach oben auf eine ausreichend große Arbeitsfläche. Beginnen Sie immer an der unteren Kante und arbeiten Sie von rechts nach links.

GLATT RECHTS GESTRICKTES

Zunächst verbinden Sie die Randmaschen der Anschlagreihen. Dafür stechen Sie neben den Randmaschen zuerst bei einem, dann beim anderen Teil von unten nach oben aus. Dann fassen Sie beim ersten Teil den 1. Querfaden zwischen Randmasche und Gestrick. Beim zweiten Teil fassen Sie nun den 1. und den 2. Querfaden, beim ersten Teil dann den 2. und 3. Querfaden usw. Es werden also immer im Versatz 2 Querfäden erfasst. Dabei den Faden nicht zu fest anziehen, damit die Nähte elastisch bleiben.

Durch den Versatz der Maschen treffen bei dieser Naht auch Muster, wie Streifen- oder Strukturmuster, genau aufeinander.

1. Bei glatt rechts gestrickten Teilen beginnen Sie beim Nähen mit einem Querfaden, ...

2. ... dann umfassen Sie immer je 2 Querfäden der oberen und der unteren Hälfte.

3. Durch den Versatz treffen auch Streifen und Strukturen mustergültig aufeinander.

GLATT LINKS GESTRICKTES

Auch bei glatt links gestrickten Teilen ist die Naht im Matratzenstich kaum zu erkennen. Hier wird jedoch von Anfang an immer nur 1 Querfaden jeder Seite erfasst. Der Faden muss dabei etwas fester angezogen werden, er bildet im Gestrick eine Schlangenlinie.

1. Bei glatt links gestrickten Teilen wird immer nur je 1 Masche des oberen ...

2. ... und des unteren Strickteils erfasst.

3. Nach dem Anziehen des Fadens ist die Naht kaum noch zu erkennen.

KNÖTCHENRÄNDER

Wenn es das Muster erlaubt, sind Knötchenränder die beste Voraussetzung für eine besonders schöne Naht. Da sich die Knötchen immer am Anfang einer Reihe bilden, greifen sie beim Zusammennähen wie ein Reißverschluss ineinander. Die fertige Naht wirkt dann wie eine zusätzliche linke Masche.

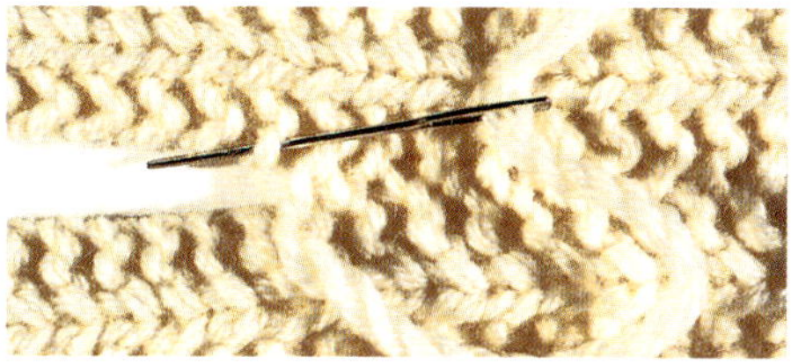

1. Stechen Sie abwechselnd durch ein Knötchen des unteren ...

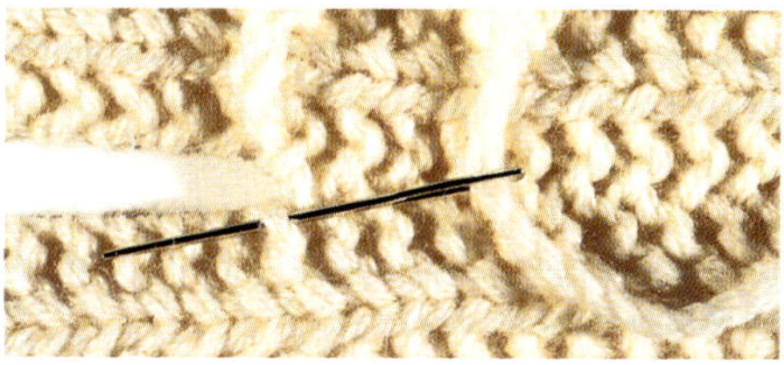

2. ... und des oberen Teils. Ziehen Sie den Faden dabei nicht zu fest an.

3. Die Naht ist sehr flach und wirkt wie eine zusätzliche linke Masche.

Nähte im Maschenstich

Der große Vorteil beim Zusammennähen im Maschenstich ist, dass keine sichtbare Naht entsteht. Das sieht besonders bei dickeren Garnen besser aus oder auch bei einem in zwei Teilen gestrickten Modell, bei dem die Schulter-Ärmel-Partien verbunden werden müssen, wie z. B. bei einem Pullover im Fledermausschnitt.

Zum Zusammennähen brauchen Sie eine Stick- oder Wollnadel ohne Spitze; der Faden zum Nähen muss etwa dreimal so lang sein, wie die Teile auf der Nadel breit sind. Verwenden Sie zum Zusammennähen den Endfaden des Strickteils, dann entfällt hier das Vernähen. Und lassen Sie den Nähfaden lieber etwas länger, denn ein Ansetzen im Strickteil ist nicht ohne sichtbare Schäden möglich.

Sie können die Maschen gleich von den Nadeln aus verbinden.

Beim Zusammennähen von Teilen im Maschenstich entsteht immer eine neue Reihe, die beim Strickteil weniger gearbeitet wird.

1. Beim Nähen von der Nadel stechen Sie zunächst in die Randmaschen des unteren und des oberen Teils von unten nach oben. Dann stechen Sie beim unteren Teil von oben, nach unten in die Randmasche ein und von unten nach oben in der folgenden Masche aus. Danach lassen Sie die 2. Masche von der Nadel gleiten.

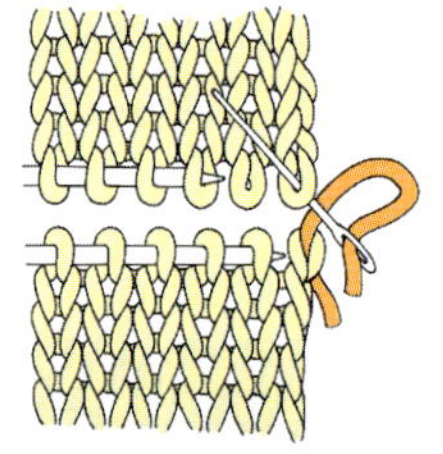

2. Stechen Sie nun abwechselnd beim oberen und beim unteren Teil in die vorherige Masche ein und in der folgenden, auf der Nadel liegenden Masche aus; ziehen Sie den Faden nicht zu fest an. Bei jedem Arbeitsgang werden immer 2 halbe Maschen erfasst.

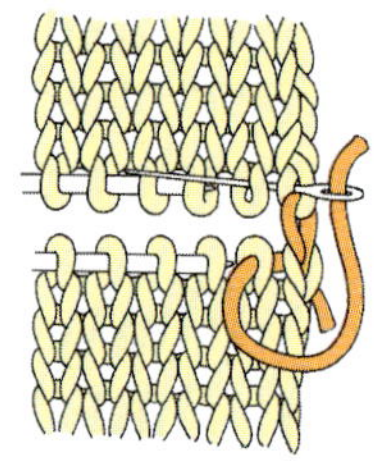

3. Die Schlingen auf der Nadel und die Naht selbst bilden jeweils eine Reihe im Gestrick. Bei einem Rapport von 4 Reihen müssen also vorher auf einer Nadel 1 Reihe und auf der anderen 2 Reihen gestrickt sein.

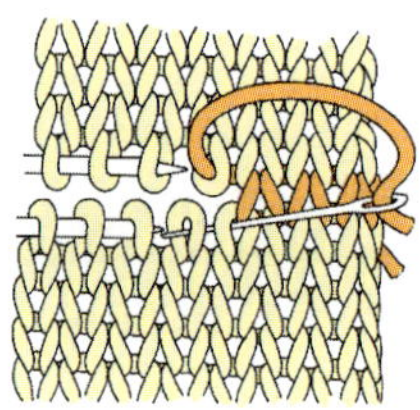

Angestrickte Blenden

Bei nachträglich angestrickten Blenden sind die genaue Maschenaufnahme und das richtige Abketten besonders wichtig. Denn die fertige Blende darf sich weder zusammenziehen noch unschön dehnen.

Achten Sie bei allen Jackenblenden darauf, dass das Rippenmuster symmetrisch angeordnet ist.

EINFACHE BLENDEN

Für die Maschenaufnahme gilt folgende Grundregel: immer 3 Maschen aus 4 Reihen herausstricken. Dies ist bei glatt rechten oder kraus rechten Blenden fast immer der Fall. Bei Rippenmustern, die im Wechsel je 1 oder 2 Maschen rechts und links gestrickt werden, oder bei Zopfmustern müssen Sie den richtigen Aufnahmerhythmus vorher an Ihrer Maschenprobe ausprobieren. Wenn die Blende sich nicht zu sehr zusammenziehen soll, sind mehr Maschen nötig, z. B. 4 Maschen aus 5 Reihen oder 5 Maschen aus 6 Reihen.

Wenn Sie sehr fest oder auch mit einer ganzen Nadelstärke weniger stricken, oder wenn Sie die Blende z. B. mit kleinem Zopfmuster stricken, müssen Sie eventuell aus jeder Reihe eine Masche aufnehmen.

Aus den Randmaschen werden für glatte oder krause Blenden normalerweise aus 4 Reihen 3 Maschen herausgestrickt. Der Dreierrhythmus ist deutlich zu erkennen. Bei Blenden mit Mustern, also auch bei Bündchenmustern, sollten Sie Ihren Aufnahmerhythmus an der Maschenprobe ausprobieren.

Einen zu locker oder schlecht gestrickten Rand können Sie mit einer Reihe aufgehäkelter Kettmaschen festigen.

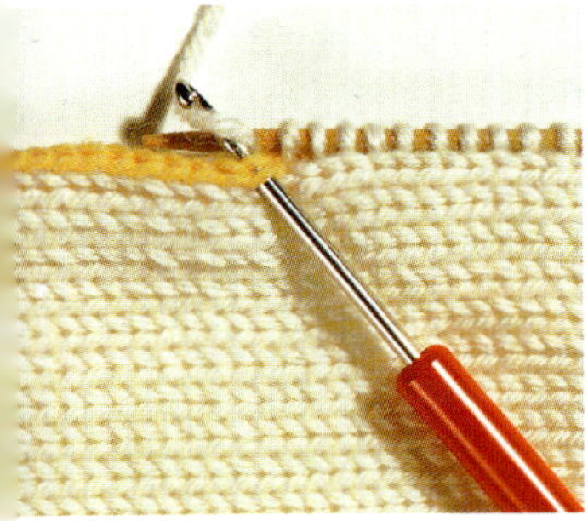

Danach die Blendenmaschen aus beiden Kettmaschengliedern aufnehmen. Verwenden Sie dafür eine dünnere Stricknadel oder ziehen Sie den Strickfaden mit einer Häkelnadel durch und heben die Schlinge dann auf die Stricknadel.

Bei sehr kleinen Maschenproben, z. B. wenn Sie mit Nadeln 7 oder 8 stricken und nur etwa 16 Reihen für 10 cm Länge brauchen, können beim Aufnehmen der Maschen kleine Löcher entstehen, wenn Sie die Reihen überspringen. Dann nehmen Sie am besten aus jeder Reihe eine Masche auf und stricken in der 1. Rückreihe in regelmäßigen Abständen jeweils 2 Maschen zusammen. Auch das sollten Sie an Ihrer Maschenprobe ausprobieren.

Für die Aufnahme der Blendenmaschen ist die richtige Randmasche wichtig: Sie sollte immer glatt rechts oder glatt links in jeder Reihe gestrickt sein. Nur dann können die Maschen gleichmäßig aufgenommen werden. Damit die Blende später nicht nach außen kippt, muss außerdem immer die ganze Randmasche erfasst werden.

Wenn die Randmaschen schlecht oder zu locker gestrickt sind, können Sie die Kante mit gehäkelten Kettmaschen festigen. Achten Sie beim Häkeln auf den Rhythmus, dann können Sie später aus jeder Kettmasche eine Blendenmasche aufnehmen. Die Kettmaschen können Sie auch einige Maschen vom Rand entfernt aufhäkeln und die Kante dann nach innen umnähen.

Wichtig ist auch das richtige Abketten. Normalerweise wird eine im Maschenrhythmus abgekettete Blende sehr elastisch. Deshalb sollten Sie auf jeden Fall fest abketten. Arbeiten Sie immer so nah wie möglich an der Nadelspitze und achten Sie beim Überziehen der Abkettmaschen darauf, dass Sie diese Maschen nicht lang ziehen. Den festesten Rand erhalten Sie, wenn Sie die Maschen durch Zusammenstricken abketten.

Sehr elastisch ist die Blende im einfachen Bündchenmuster, wenn sie später im Maschenrhythmus abgekettet wird.

Für diese Blende wird im Wechsel 1 Masche glatt rechts und 1 Masche im Perlmuster gestrickt: Sie stricken in Hinreihen nur rechte Maschen und in Rückreihen je 1 Masche rechts und links im Wechsel. Die Blende können Sie in einer Hinreihe rechts abketten oder, wie hier, in einer Rückreihe im Maschenrhythmus.

Weniger elastisch ist die Blende, wenn Sie beim Abketten immer rechts stricken.

Die Zweier-Blende wird im Maschenrhythmus, 2 Maschen rechts, 2 Maschen links, abgekettet.

Für den Rollrand werden etwa 3 cm glatt rechts angestrickt. So rollt sich der Rand nach außen.

Knopflöcher

Bevor Sie die Knopflöcher arbeiten, müssen Sie natürlich wissen, wie groß die Knöpfe sind – und auch, wie viele Knopflöcher Sie arbeiten möchten. Wenn es möglich ist, stricken Sie nur eine Blende an und bestimmen darauf Anzahl und Größe der Knöpfe. Bei einer mitgestrickten Blende muss die Lage der Knopflöcher vorher im Schnitt festgelegt werden.

Zum Bestimmen der Knopflochgröße legen Sie den Knopf auf die Blende, dehnen das Gestrickte etwas und zählen dann die Maschen aus. Stricken Sie die Knopflöcher eher etwas kleiner, da sich Gestricktes mit der Zeit sowieso dehnt und die Knöpfe sich sonst sehr leicht von selbst lösen.

RUNDE KNOPFLÖCHER

Bei 1/1-Blenden wird das kleine Knopfloch wie ein Lochmuster mit einem Umschlag gestrickt. Es ist in der fertigen Blende kaum zu sehen, da es sich zwischen zwei rechten Maschen befindet.

Dieses Knopfloch hat meist die richtige Größe für Schulterblenden bei Kinderpullovern oder für Knopfleisten bei Polopullovern.

Bei senkrecht gestrickten Blenden sollte in der Mitte eine linke Masche sein, über der Sie das Knopfloch stricken. Vor dieser linken Masche (bzw. nach einer rechten Masche) arbeiten Sie einen Umschlag und stricken dann die linke mit der darauf folgenden rechten Masche rechts zusammen. Den Umschlag stricken Sie in der nächsten Reihe mustergemäß nicht verschränkt rechts ab.

Auch bei 2/2-Blenden wird das runde Knopfloch immer über den linken Maschen gestrickt.

Dazu arbeiten Sie in einer Hinreihe über der 2. rechten und der 1. linken Masche einen Überzug (die rechte Masche rechts abheben, die linke Masche rechts stricken und die abgehobene Masche überziehen). Nun machen Sie 2 Umschläge und stricken die folgenden 2 Maschen (die 2. linke und die 1. rechte der folgenden Rippe) rechts zusammen. Der erste Umschlag wird in der Rückreihe rechts, der zweite rechts verschränkt abgestrickt.

Wenn dieses Knopfloch zu groß ist, können Sie auch nur einen Umschlag arbeiten und in der Rückreihe daraus 1 Masche rechts und 1 Masche rechts verschränkt stricken.

In einer Hinreihe arbeiten Sie nach einer rechten Masche einen Umschlag und stricken die folgenden 2 Maschen rechts zusammen.

Bei 2 rechts, 2 links gestrickten Blenden werden ein Überzug und ein oder zwei Umschläge gearbeitet, dann 2 Maschen rechts zusammengestrickt.

Bei 2 rechts, 2 links gestrickten Blenden werden ein Überzug und ein oder zwei Umschläge gearbeitet, dann 2 Maschen rechts zusammengestrickt.

GESTRICKTE KNÖPFE

Wenn Sie keine passenden Knöpfe finden, können Sie diese auch Ton in Ton oder in einer Kontrastfarbe stricken. Schlagen Sie hierfür mit einer anderen Farbe je nach Garnstärke 6 bis 10 Maschen an. Stricken Sie mit dem Originalgarn 4 bis 6 Reihen glatt rechts. Schneiden Sie den Faden auf ca. 10 cm Länge ab und ziehen Sie ihn mit einer stumpfen Sticknadel durch die Maschen. Lösen Sie den andersfarbigen Anschlagfaden ab und ziehen Sie das Fadenende durch die Maschen. Nun die Fadenenden etwas anziehen und den Knopf mit einem kleinen Wollrest füllen. Die schmalen Kanten mit zwei Stichen schließen, dann die Fadenenden fest anziehen und verknoten. Die Fadenenden durch das Strickteil ziehen und vernähen.

Fallmaschen

Ob die Katze oder das Kleinkind mit dem Strickzeug gespielt oder man selbst nicht aufgepasst hat – Fallmaschen sind zwar ärgerlich, aber leicht wieder hochzuhäkeln.

BEI GLATT RECHTEN STRICKSTÜCKEN

Hier ist das Beheben des Fehlers besonders einfach. Fassen Sie bei rechten Maschen mit der Häkelnadel von vorn bzw. von unten in die Masche und ziehen Sie den darüber liegenden Querfaden durch. Diesen Vorgang stets wiederholen.

BEI STRUKTURMUSTERN

Bei glatt linken Strickstücken ist es am einfachsten, die Arbeit zu wenden und ebenfalls rechte Maschen hochzuhäkeln. Anders bei Strukturmustern: Hier müssen im entsprechenden Wechsel rechte und linke Maschen gehäkelt werden.

Bei rechten Maschen den darüber liegenden Querfaden durch die auf der Häkelnadel liegende Masche ziehen.

Bei linken Maschen hinter dem darüber liegenden Querfaden von hinten bzw. oben in die Masche einstechen und den Querfaden durchziehen.

Für die linken Maschen mit der Häkelnadel von hinten bzw. oben hinter dem darüber liegenden Querfaden in die Masche einstechen und den Querfaden durchziehen. Dann die Häkelnadel wieder herausziehen.

Für jede linke Masche (und auch für die jeweils erste rechte Masche des Strukturmusters) muss die Häkelnadel also herausgezogen und erneut in die Masche eingestochen werden.

Beim Auftrennen von Strickteilen Masche für Masche von hinten nach vorn auf eine dünnere Stricknadel heben.

BEI GRÖSSEREN FEHLERN: AUFTRENNEN

Bei sehr groben Fehlern über viele Maschen bleibt Ihnen das Auftrennen nicht erspart. Trennen Sie das Strickstück dann bis zur Reihe vor dem Fehler auf. Verwenden Sie für das Aufnehmen der Maschen eine Stricknadel, die etwa eine Nummer kleiner ist als die für das Stricken verwendete. So lassen sich die Maschen leicht aufnehmen, auch wenn Sie besonders fest stricken.

Stechen Sie vor dem Auftrennen der Masche immer von hinten nach vorn in die darunter liegende Masche. Dann erst den Faden vorsichtig herausziehen. So Masche für Masche weiterarbeiten. Halten Sie den Faden dabei wie beim Stricken in der linken Hand und wickeln Sie ihn beim Auftrennen immer wieder um den Zeigefinger. Am Ende der Reihe die Arbeit wenden und mit den passenden Stricknadeln weiterarbeiten.

Fäden ansetzen und vernähen

Auch das dickste Knäuel hat einmal ein Ende. Und da gibt's beim Stricken ein Tabu: das Verknoten der Fäden.

FÄDEN ANSETZEN

Beginnen Sie nach Möglichkeit ein neues Knäuel nicht innerhalb des Strickstücks. Auch wenn der Restfaden noch ziemlich lang erscheint – häufig reicht er nicht mehr für die ganze Reihe. Lassen Sie ihn an der Kante hängen; Sie können ihn später zum Zusammennähen verwenden. Wenn Ihnen der Faden beim Stricken lästig ist, schneiden Sie ihn auf eine Länge von etwa 10 cm ab.

Damit sich die Maschen bei angesetzten Fäden nicht so leicht lockern, stricken Sie die Randmasche am Ende der Reihe zweifädig, also mit dem Rest- und dem neuen Faden. Wenden Sie die Arbeit und stricken Sie die Randmasche und einige Maschen mit dem neuen Faden. Ziehen Sie danach die beiden Fäden an, die Maschen lockern sich dann kaum noch.

1. Damit sich die ersten Maschen bei neu angesetztem Garn nicht lockern, stricken Sie die letzte Randmasche mit beiden Fäden und wenden das Teil.

2. Stricken Sie mit dem neuen Faden die Randmasche und einige Maschen der Reihe und ziehen Sie dann die Restfäden fest an.

FÄDEN VERNÄHEN

Da Strickstücke in der Breite sehr viel elastischer sind als in der Länge, werden die Fäden immer einzeln senkrecht in den Randmaschen vernäht. Wenn sie quer vernäht werden, können sich die Enden leicht nach vorn durchdrücken.

Es ist dabei völlig gleich, ob Sie die Fäden vor oder nach dem Zusammennähen der Teile vernähen. Besonders bei dünnem Garn empfiehlt sich das Vernähen nach dem Konfektionieren. Da sich die Randmaschen und häufig auch die daneben liegenden Maschen durch das Vernähen verdicken, sind die einzelnen Maschen eventuell nicht mehr klar erkennbar. Und das erschwert das Zusammennähen sehr. Außerdem können Sie die Restfäden so auch zum Nähen verwenden.

Bei dicken Garnen mit kurzen Lauflängen kann es jedoch leicht passieren, dass ein Knäuel innerhalb des Teils endet. Dann gibt es nur ein Tabu: Knoten! Nicht nur, dass sie unschön aussehen; die Knoten könnten sich auch beim Tragen oder Waschen lösen, und dann ist das Strickteil kaum noch zu retten.

Schneiden Sie die Restfäden auf etwa 10 cm Länge ab und vernähen Sie sie so, wie es bei den Abbildungen 1 und 2 (rechts) beschrieben ist.

1. Wenn Sie Fäden innerhalb des Strickstücks vernähen müssen, stechen Sie zunächst durch die daneben liegende Masche, sodass die Masche geschlossen wird.

2. Dann vernähen Sie den Faden in senkrechter Form. Fassen Sie dabei nie die ganzen Maschen, sondern immer nur einen Teil auf und ziehen Sie den Faden nicht zu fest an.

Fäden an den Kanten können Sie vor oder nach dem Zusammennähen der Teile vernähen. Sie werden immer einzeln und senkrecht in die Randmaschen oder die Naht genäht.

Socken

Jetzt geht's rund – denn Socken werden mit einem Nadelspiel in Runden gestrickt. Wenn Sie einmal den Dreh raus haben, ist's ganz einfach. Und da Sie pro Socke höchstens 50 g Garn benötigen, kommen Sie schnell zum Erfolg.

Grundsätzlich sollten Sie ein Garn verarbeiten, das maschinenwaschbar und strapazierfähig ist, wie die hier verwendete »Regia 4fädig« aus 75% Schurwolle und 25% Polyamid.

Sehr empfehlenswert ist auch das Verstärken von Ferse und Spitze, denn gerade diese Teile werden stark beansprucht. Dafür gibt es Beilaufgarne in vielen Farben.

Socken sollten möglichst fest gestrickt werden. Beim verwendeten Garn sollte die Maschenprobe von 30 Maschen und 42 Reihen bzw. Runden unbedingt eingehalten werden. Normalerweise sind Nadeln Nr. 2 1/2 dafür die richtige Stärke; doch wenn Sie sehr locker stricken, sind Nadeln Nr. 2 eventuell besser. Deshalb ist auch bei Socken eine Maschenprobe unbedingt notwendig.

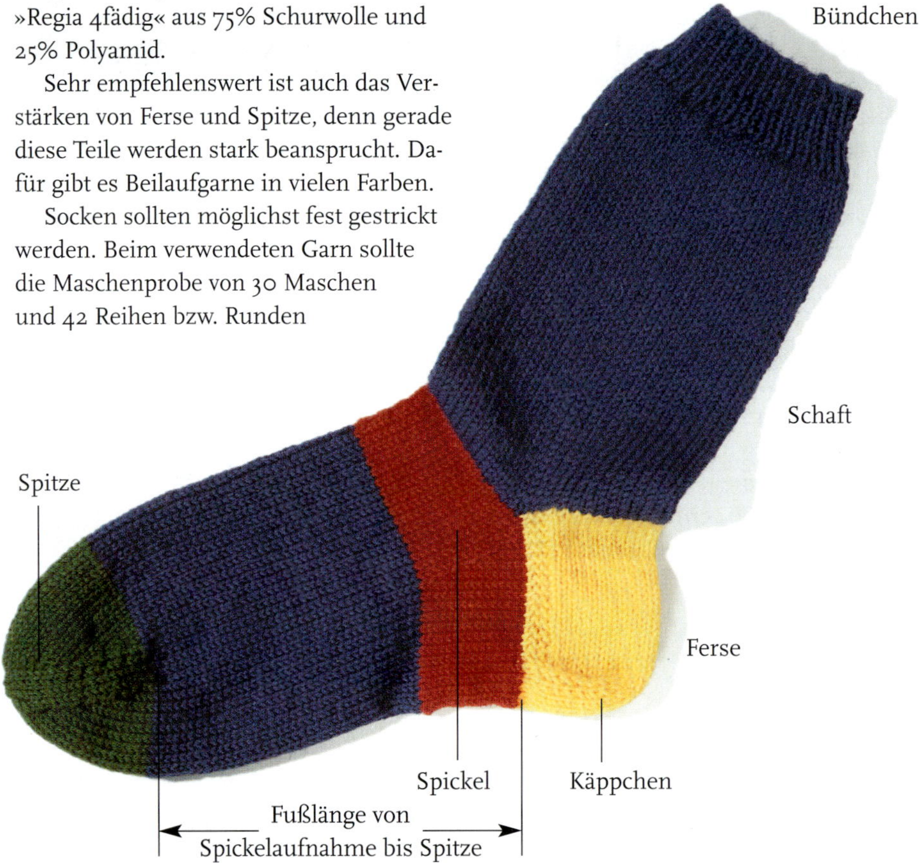

Gestrickt wird auf einem Nadelspiel, das aus 5 Nadeln besteht. Die Maschen werden gleichmäßig auf 4 Nadeln verteilt. Der Rundenwechsel ist in der hinteren Mitte: die Ferse wird über die 1. und 4. Nadel, der Spann, also die Oberseite des Fußes, über die 2. und 3. Nadel gestrickt.

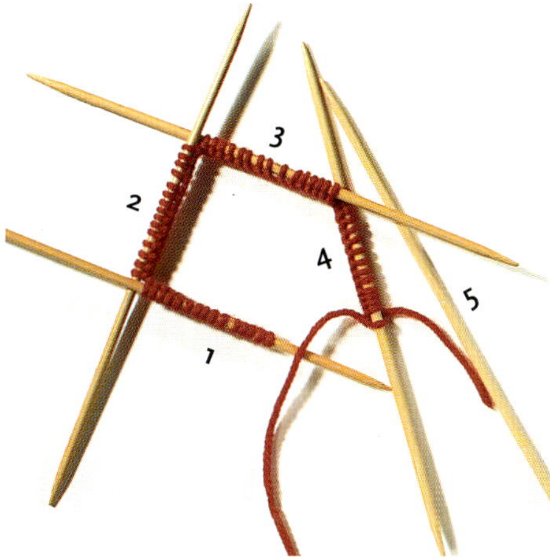

BÜNDCHEN

Das Bündchen entweder 1 oder 2 Maschen rechts und links im Wechsel stricken. Schlagen Sie die Maschen mit 2 Nadeln an, damit der Rand elastisch und weit genug ist.

Elastischer als der normale Anschlag ist der runde Anschlag. Dafür zunächst alle Maschen auf einer Nadel anschlagen und erst in der 1. Reihe die Maschen auf 4 Nadeln verteilen und mit der 2. Reihe zur Runde schließen. Hier ist eventuell der Anschlag mit kontrastfarbenem Garn einfacher: In der 1. Reihe im Wechsel 1 rechte Masche aus der Luftmaschenkette herausstricken, dann 1 Umschlag arbeiten; dabei gleichzeitig die Maschen auf die 4 Nadeln verteilen.

Die angeschlagenen Maschen werden auf 4 Nadeln des Nadelspiels verteilt. Rundenanfang ist in der hinteren Mitte zwischen der 1. und der 4. Nadel.

Größe	22/23	24/25	26/27	28/29	30/31	32/33	34/35	36/37	38/39	40/41	42/43	44/45	46/47
Gesamte Fußlänge in cm	14,5	15,5	17	18	19,5	21	22	23,5	25	26,5	27,5	28,5	30
Maschenanschlag	44	48	48	52	52	56	56	60	60	64	64	68	72
Maschenzahl für Fersenbreite	22	24	24	26	26	28	28	30	30	32	32	34	36
Reihenzahl für Fersehnhöhe	20	22	22	24	24	26	26	28	28	30	30	32	34
Maschenzahl für Käppchen	7/8/7	8/8/8	8/8/8	8/10/8	8/10/8	9/10/9	9/10/9	10/10/10	10/10/10	10/12/10	10/12/10	10/12/10	12/12/12
Maschenaufnahme beidseitig	11	12	12	13	13	14	14	15	15	16	16	17	18
Fußlänge von Spickelaufnahme bis Spitze	6,5	7	8,5	9	10,5	11,5	12,5	13,5	15	15,5	16,5	17	18

SCHAFT

Wird der Schaft glatt rechts gestrickt, können Sie mit derselben Maschenzahl wie beim Bündchen weiterarbeiten. Werden Muster eingestrickt, muss die veränderte Maschenprobe beachtet werden. Für Zöpfe müssen Maschen zugenommen werden, für Lochmuster reichen eventuell weniger Maschen.

Auch die Breite des Rapports ist wichtig. Wenn Sie z. B. einen Musterrapport von 6 Maschen ausgewählt und 60 Maschen angeschlagen haben, wird der Rapport zehnmal gestrickt. Bei 64 Maschen müssen für den Schaft dann 2 Maschen zu-, vor der Ferse wieder abgenommen werden.

TIPP

**Damit sich beim Übergang von einer Nadel zur anderen keine lockeren Maschen bilden, müssen die ersten 2 Maschen jeder neuen Nadel besonders fest gestrickt werden.
Legen Sie die Nadeln so, dass das Ende der benutzten Nadel über der nächsten liegt, und arbeiten Sie mit der neuen Nadel unter der vorherigen.
Halten Sie die in Arbeit befindliche Nadel mit Daumen und Zeigefinger so fest, dass die davor liegende Nadel dazwischen liegt.**

FERSE

Ferse und Käppchen werden mit der 1. und 4. Nadel gearbeitet. Die Maschen der 2. und 3. Nadel stilllegen. Haltbarer werden Ferse und Käppchen, wenn Sie ein Beilaufgarn mitstricken.

Die Ferse wird in Hin- und Rückreihen glatt rechts gestrickt; nach Wunsch können Sie die jeweils ersten und letzten 2 bis 3 Maschen kraus rechts stricken. Käppchen und Ferse können auch mit nur 2 Nadeln gestrickt werden.

Für die verstärkte Ferse wird jede 2. Masche in den Hinreihen nur abgehoben.

In der Höhe werden immer 2 Reihen weniger gestrickt, als Maschen auf den 2 Nadeln sind, bei 30 Maschen also 28 Reihen.

Eine zusätzlich verstärkte Ferse wird mit Hebemaschen gearbeitet. Dafür in den Hinreihen immer im Wechsel 1 Masche rechts stricken und 1 Masche wie zum Linksstricken abheben; in den Rückreihen die Maschen links stricken.

KÄPPCHEN

Für das Käppchen werden die Maschen der Ferse gleichmäßig auf 3 Nadeln verteilt, bei 30 Maschen also je 10 Maschen pro Nadel. Sie können auch alle Maschen auf eine Nadel legen, dann lassen Sie jeweils die äußeren Maschen unbearbeitet. Sollte die Maschenzahl nicht durch 3 teilbar sein, wird der Rest zu der mittleren Nadel gefügt.

Weiter in Hin- und Rückreihen stricken: in der 1. Reihe die letzte Masche der 2. Nadel rechts abheben, die 1. Masche der 3. Nadel rechts stricken und die abgehobene Masche überziehen. Die Arbeit wenden.
In der 2. Reihe (= Rückreihe) die 1. Masche links abheben, die folgenden Maschen links stricken, die letzte Masche der 2. Nadel mit der 1. Masche der 3. Nadel links zusammenstricken. Die Arbeit wenden.
In der 3. Reihe die 1. Masche links abheben, über der letzten Masche der Nadel und der 1. Masche der 3. Nadel wieder einen Überzug arbeiten. Die 2. und 3. Reihe wiederholen, bis alle Maschen der 1. und 3. Nadel aufgebraucht sind. Die verbleibenden Maschen (hier 10) auf 2 Nadeln à 5 Maschen legen = 4. und 1. Nadel.

Ferse und Käppchen werden in Hin- und Rückreihen mit der 1. und 4. Nadel gestrickt.

SPICKEL

Die Maschen der 4. und 1. Nadel rechts stricken, dann aus der Fersenkante aus jeder 2. Reihe 1 Masche aufnehmen (beim Beispiel sind 28 Reihen gestrickt, es werden also 14 Maschen aufgenommen). Damit zwischen Ferse und Schaft kein Loch entsteht, zusätzlich in der Ecke zwischen Fersenkante und Schaft aus dem Querfaden 1 Masche rechts verschränkt zunehmen = insgesamt 15 Maschen.

Für den Spickel werden Maschen aus den Fersenkanten aufgenommen, danach wird wieder in Runden gestrickt.

Dann die Maschen der 2. und 3. Nadel stricken. Für die 4. Nadel zunächst in der Ecke 1 Masche rechts verschränkt, dann aus der Fersenkante wieder aus jeder 2. Reihe 1 Masche aufnehmen. Danach die restlichen 5 Maschen abstricken. Auf der 1. und 4. Nadel sind nun mehr Maschen (hier 20), die bei den Spickelabnahmen wieder reduziert werden.

Nun 1 Runde über alle Maschen stricken. Über die Maschen der 1. und 4. Nadel grundsätzlich glatt rechts, über die Maschen der 2. und 3. Nadel eventuell ein Muster weiterstricken.

In der folgenden Runde für die Abnahmen die zweit- und drittletzte Masche der 1. Nadel rechts zusammenstricken, die letzte Masche rechts stricken; bei der 4. Nadel die 1. Masche rechts stricken, die 2. Masche rechts abheben, die 3. Masche rechts stricken und die abgehobene Masche überziehen. Dann 2 Runden ohne Abnahmen stricken. Diese 3 Reihen wiederholen, bis die ursprüngliche Maschenzahl (hier 15) auf der 1. und 4. Nadel erreicht ist. Die gewünschte Fußlänge stricken.

SPITZE

Für die Bandspitze werden die Abnahmen bei der 1. und 3. Nadel am Ende, bei der 2. und 4. Nadel am Anfang der Nadel gestrickt:

Bei der 1. und 3. Nadel bis 3 Maschen vor dem Ende stricken, dann 2 Maschen rechts zusammenstricken und die letzte Masche rechts stricken. Bei der 2. und 4. Nadel 1 Masche rechts stricken, die folgende Masche rechts abheben, die 3. Masche stricken und die abgehobene Masche über die 3. Masche ziehen.

Damit eine schöne Rundung entsteht, wird die Reihenzahl ohne Abnahmen immer verringert: Die Abnahmen wie beschrieben 1x in der folgenden 4. Runde, 2x in jeder 3. Runde, 3x in jeder 2. Runde und dann in jeder Runde arbeiten. Die letzten 8 Maschen mit dem Arbeitsfaden zusammenziehen oder die Maschen der Oberseite auf die der Unterseite legen und im Maschenstich verbinden.

Bei Kindersöckchen reicht es meist, wenn zwischen den Abnahmen 1x 2 Runden und 2x bis 4x 1 Runde über alle Maschen gestrickt werden. Danach wird dann in jeder Runde abgenommen.

Das schönste Ende: die Bandspitze

Wir danken der Firma Schachenmayr für die Unterstützung bei diesem Buch.

Die Deutsche Bibliothek – CIP-Einheitsaufnahme
Ein Titeldatensatz für diese Publikation ist bei Der Deutschen Bibliothek erhältlich.
ISBN 3-332-01332-7

www.dornier-verlage.de
www.urania-ravensburger.de
1. Auflage Dezember 2001

Der Urania Verlag ist ein Unternehmen der Verlagsgruppe Dornier.

Umschlaggestaltung: Behrend & Buchholz, Hamburg
Fotos: Brigitte Harms, Hamburg
Zeichnungen: Sigrid Witzig, Hamburg
Gestaltung und Layout: Berliner Buchwerkstatt, Ulrike Sindlinger/Britta Dieterle
Druck: Messedruck Leipzig GmbH
Printed in Germany

Gedruckt auf alterungsbeständigem Papier mit chlorfrei gebleichtem Zellstoff.

Die Schreibweise entspricht den Regeln der neuen Rechtschreibung.